가장 낮은 곳에서
　　행복한 신부 **이태석**

가장 낮은 곳에서 행복한 신부 이태석

김경우 지음 | 김윤경 그림

문이당어린이

훌륭한 삶을 본받고 행동으로 옮기는 용기를 갖자

　어떤 사람이 자신보다 불우한 이웃을 위해 헌신하는 삶으로 한평생을 살았다면 사람들은 그를 존경하고 위대한 사람이라 생각할 것입니다. 하지만 그러한 삶을 사는 사람은 처음부터 특별한 존재로 태어난 것은 아닙니다. 다만 자신이 살고 싶은 삶에 대한 용기가 남다를 뿐입니다.
　어쩌면 이태석 신부도 어릴 적 꿈꾸던 신부가 되어야겠다는 용기가 없었다면 아마도 의료 봉사를 다니는 평범한 의사로 살았을지 모릅니다.
　이태석 신부가 어릴 적부터 이웃에 대한 사랑이 남달랐던 것은 사실이지만 돌이켜보면 그 정도의 관심을 가지고 있는 사람은 많습니다. 그런데 이태석 신부가 남들과 다른 헌신적인 삶을 살게 된 것은 누군가에게 큰 영향을 받았고 그 영향을

행동으로 옮길 수 있는 용기가 있었기 때문입니다.

 이태석 신부는 살레시오회를 만든 돈 보스코의 삶에 영향을 받았습니다. 자신도 신부가 되어 불우한 이웃을 위해 헌신하는 삶을 살겠다고 다짐했습니다. 그러나 집안 형편과 고생하시는 어머니를 생각해서 신부의 꿈을 접고 의대에 입학하여 의사가 되었습니다.

 그렇지만 마음 한구석에 남아 있던 신부의 꿈, 헌신하는 삶을 살고 싶다는 꿈을 버릴 수가 없었지요.

 가만히 보면 이태석 신부가 헌신하는 삶을 살게 된 데에는 돈 보스코 외에도 많은 사람의 영향이 있었습니다. 10남매를 위해 헌신하신 어머니와 예수님의 삶에도 영향을 받았습니다. 그리고 한센병 환자들에게도 영향을 받았지요. 아무것도 가진 것 없는 한센병 환자들이 작은 것 하나에도 기뻐하며 행복을 느끼고 사는 모습을 보고 많은 감동과 영향을 받았습니다.

우리의 삶은 혼자만의 삶이 아닙니다. 반드시 누군가의 삶에 영향을 받습니다. 그리고 그 삶은 또 다른 사람의 삶에 영향을 줍니다.

돈 보스코의 삶이 이태석 신부에게 큰 영향을 주었던 것처럼, 이태석 신부의 헌신하는 삶은 많은 사람에게 감동을 주고 어려운 이웃을 한 번 더 생각하게 하며 우리에게 큰 영향을 주고 있습니다.

어린이 여러분! 이태석 신부의 이야기를 통해 나는 누구에게 영향을 받고 있는지, 또 나의 삶이 다른 사람들에게 좋은 영향을 줄 수 있는지 생각하는 시간이 되었으면 합니다.

2012년 9월

김 경 우

차례 가장 낮은 곳에서
행복한 신부 **이태석**

훌륭한 삶을 본받고 행동으로 옮기는 용기를 갖자 ···4

나는 커서 고아원을 지을 테야 ···10
헌신적인 삶 배우기 1_나의 이웃에게 관심을 두자 ···19

다미안 신부처럼 살 수 있을까? ···20
헌신적인 삶 배우기 2_훌륭한 사람들의 영향을 받자 ···28

음악은 나를 기쁘게 해 ···29
헌신적인 삶 배우기 3_부모님의 희생정신을 배우자 ···39

신부가 될 수 없다면 의사가 될래요 ···40
헌신적인 삶 배우기 4_작은 재주라도 남을 위해 사용하자 ···48

정말 내가 하고 싶은 것이 무엇일까? ···49
헌신적인 삶 배우기 5_봉사하는 삶을 살자 ···62

신부가 되어 낮은 곳으로 임하다 ...63
헌신적인 삶 배우기 6_돈 보스코처럼 살기로 하다 ...72

쫄리 신부님 ...73
헌신적인 삶 배우기 7_이웃에게 필요한 도움을 주자 ...88

아이들의 미래를 위해 학교를 짓다 ...89
헌신적인 삶 배우기 8_아이들의 미래는 교육에 있다 ...101

톤즈의 음악 천재들 ...102
헌신적인 삶 배우기 9_물질보다 영혼의 상처를 치유하다 ...114

한센병 환자를 품에 안다 ...115
헌신적인 삶 배우기 10_가장 가난한 사람들에게서 배우는 행복 ...128

울지 말아요, 나는 괜찮아요 ...129
헌신적인 삶 배우기 11_봉사에 대한 희생을 원망하지 말자 ...142

잘가요, 쫄리 ...143

나는 커서 고아원을 지을 테야

"누나, 잠깐만."

소년이 같이 가던 누나의 손을 뿌리치고 붉은 벽돌로 지어진 건물로 달려갔다. 소년은 쇠창살로 된 철문 안쪽을 들여다보고 있었다.

"안 오고 거기서 뭐 해?"

"……."

"내 말 안 들리니?"

소년은 누나가 부르는 소리에도 꼼짝을 않고 건물 안을

물끄러미 바라보고 있었다.

"누나. 쟤들이 모두 고아래."

"그래. 여기가 고아원인 건 동네 사람들은 다 안다. 그게 뭐?"

"불쌍하잖아. 엄마 아빠도 없이……."

소년이 들여다보던 곳은 가난한 고아들을 돕기 위해 지은 보육 시설이었다. 그 건물에는 많은 고아가 모여 살았다. 고아들은 신부님과 수녀님들이 돌보고 있었다.

"그만 가자. 엄마가 기다리시잖아."

소년은 누나가 한참을 보챈 후에야 발걸음을 떼기 시작했다.

"누나. 우리 나중에 고아원 지을까?"

"고아원?"

누나의 손을 잡고 한참을 말없이 걷던 소년은 진지한 표정으로 말했다.

"어른이 되면 고아원을 지어서 불쌍한 고아들을 잘 보살

펴 주고 싶어."

"좋은 생각이야. 넌 우리 형제 중에서 제일 착하니까 잘할 수 있을 거야."

누나는 소년의 머리를 쓰다듬어 주었다.

부모님 없이 불쌍하게 생활하는 고아들을 위해 고아원을 짓는 것이 소망인 이 소년이 훗날 아프리카 수단에서 가난한 이들을 위해 온몸을 바친 이태석 신부다.

이태석 신부는 1962년 9월 19일 부산 남부민동에서 10남매 중 아홉째로 태어났다.

남부민동은 천마산 기슭에 있는 판잣집들이 즐비한 달동네였다. 1950년 육이오 전쟁이 일어났을 때 많은 피란민이 전쟁을 피해 부산으로 몰려들었다. 피란민들은 산기슭, 언덕, 강가 등 가리지 않고 조그만 공간이 있는 곳이면 판잣집을 짓고 살았다. 남부민동에도 피란민들의 판자촌이 생겼다. 태석의 부모님도 전쟁을 피해 서울에서 부산의 천마산 기슭으로 피란을 와서 살고 있었다.

전쟁이 끝났지만 태석의 부모님은 고향으로 돌아가지 못했다. 태석의 부모님처럼 고향으로 돌아가지 못한 피란민들이 남부민동에 많이 살고 있었다.

그런데 전쟁이 끝나고 얼마 지나지 않아 마을에는 얼기설기 대충 지은 판잣집들과는 다르게 붉은 벽돌로 지어진 주택이 하나둘 생겨났다. 육이오 전쟁이 끝나고 어렵게 사는 가톨릭 신자들을 위해 오스트리아 가톨릭 부인회에서 지은 공동주택이었다. 사람들은 이 집을 천주교 사택이라고 불렀다.

전쟁이 끝나고 먹을 것과 입을 것이 부족하던 시절, 태석의 어머니는 성당에 다니며 위안을 받았다. 그리고 천주교 사택 중 한 채를 빌려 살았다.

세발자전거를 타고 놀기도 어려운 비탈진 산동네에서 어린 시절을 보낸 태석은 마을 뒤로 솟아 있는 천마산에 올라가는 것을 좋아했다. 천마산은 하늘에서 내려온 말이 살고 있다는 소문이 날 정도로 주변 풍경이 아름다운 산이다.

산 정상에서 바라보면 서면의 푸른 바다와 어머니가 일하는 자갈치 시장이 보이고, 부산항과 송도해수욕장도 아주 가깝게 보였다. 맑은 날은 지평선 자락에 대마도가 보일 정도였다.

태석에게는 천마산에 올라 먼바다를 바라보거나 성당에

가는 것이 유일한 놀이였다. 태석은 놀기도 좋아하고 남을 웃기는 재주도 있는 건강하고 밝은 개구쟁이였다. 재밌는 이야기를 들으면 기억했다가 가족이나 친구에게 들려주며 주위 사람들을 기분 좋게 해 주는 것을 좋아했다.

태석이 아홉 살이 되던 어느 날이었다.

"태석아. 어서 집으로 가 봐라."

성당에서 친구들과 신 나게 놀고 있었는데 신부님이 다급하게 찾으신 것이다. 알 수 없는 불길한 예감에 집으로 달려간 태석은 아버지가 병환으로 돌아가셨다는 것을 알게 되었다.

어머니와 함께 자갈치 시장과 국제 시장에서 옷 장사를 하며 누구보다 열심히 살았던 아버지가 돌아가신 것이다. 태석은 심한 충격을 받았다. 아버지는 평소 몸이 좋지 않아 병치레가 잦았지만 가족을 위해 아픈 내색을 하지 않으셨다.

아버지가 돌아가시고 난 후 태석의 집은 급격히 기울어졌다. 어머니 혼자 자갈치 시장에서 낮에는 옷 장사를 하고 밤에는 삯바느질돈이나 물건을 받고 하여 주는 바느질하며 10남매를 키워야 했다. 어머니의 고생은 말로 할 수 없었다. 어머니가 고생하시는 것을 지켜본 10남매는 우애가 남달랐고, 어머니의 일을 덜어 드리기 위해 노력했다.

"잠자기 전에 물도 받아 놓고, 각자 맡은 곳을 말끔하게 청소하자."

어머니가 아침 일찍 나가 밤늦게 들어오면, 10남매는 어머니를 조금이라도 쉬게 해 드리려고 물도 받아 놓고, 밥도 챙겨 먹고, 고사리 손으로 청소며 빨래며 시키지 않아도 알아서 집안일을 다 해 놓았다.

"태석아. 뭐 해?"

"밥 데우는 중이야. 엄마 오면 따뜻하게 드시라고."

어머니가 드실 밥 한 그릇을 따로 담아 아랫목에 넣어 두는 것은 늘 태석의 몫이었다.

10남매 중에서 태석이 어머니의 일손을 제일 잘 도와주었다. 설거지를 할 때도 다른 형제들과 달리 어머니가 자주

사용하는 것과 그렇지 않은 것을 구분해 정리해 놓고, 빨래한 옷도 한눈에 찾기 쉽게 정리해 놓을 정도였다.

 태석은 어린 시절부터 고아원을 짓겠다는 생각을 할 정도로 소외되고 어려운 이웃을 향한 마음이 남달랐다. 태석이 이런 생각을 하게 된 것에는 소 알로이시오 신부의 영향이 있었다. 소 알로이시오 신부는 고아를 위한 복지 시설을 세우고 운영한 미국인 신부다.

태석은 고아원을 지날 때마다 가난한 고아들을 보살피고 몸과 마음을 씻겨 주던 소 알로이시오 신부와 수녀들의 헌신적인 모습을 보고 큰 감동을 받았다.

태석이 고아원을 짓겠다고 생각한 것도 소 알로이시오 신부의 영향 때문이었다. 언젠가 남을 위해 헌신하는 삶을 살겠다는 생각을 하게 된 것이다.

태석은 소 알로이시오 신부뿐 아니라 10남매의 교육과 뒷바라지를 위해 희생하는 어머니의 삶을 보면서 희생정신과 진정한 사랑의 의미를 배웠다.

헌신적인 삶 배우기 1

나의 이웃에게 관심을 두자

여러분 주위를 둘러보세요. 누가 있나요? 사랑하는 가족, 친구, 선생님 그리고 또 누가 있을까요? 마트에서 일하는 사람, 세탁소 아주머니, 경비원 아저씨, 이웃 주민, 대한민국 국민, 아시아인 더 나아가 전 세계인 등 우리가 알지 못하지만 많은 사람이 지구에서 같이 살고 있어요. 그 모든 사람을 다 알 수는 없지만 적어도 우리 이웃에 누가 살고 있는지, 그 사람들은 어떤 삶을 살고 있는지 관심을 두어야 해요.

지금 여러분이 사는 집 주위에는 어떤 것들이 있는지 그곳에는 누가 살고 있는지 자신의 이웃에 관심을 두고 살펴 보세요.

다미안 신부처럼 날 수 있을까?

"내일은 아주 감동적인 영화를 보여 줄 거예요."
"이야, 신난다!"
"어떤 영화에요? 무술 영환가요?"
"전 무술 영화보다는 만화 영화가 좋아요."

어느 날 성당에서 미사를 끝내고 나온 태석과 아이들은 영화를 본다는 수녀님의 말에 무척 기뻐하며 환호성을 질렀다. 그 당시 영화는 아주 특별한 날이 아니면 볼 수 없었다. 특히 남부민동처럼 가난한 마을의 아이들이 영화를 볼 기회는 전혀 없었다. 성당에서 1년에 몇 차례 영화를 상영하는 것은 아이들에게는 아주 특별한 선물이었다.

"내일 볼 영화는 만화 영화가 아니에요."

"에이……."

"실망하지 마세요. 아주 감동적인 영화니까."

수녀님은 아이들의 기대를 저버리는 것 같아 미안했다. 내일 성당에서 보여 줄 영화는 〈몰로카이의 성인〉으로 다미안 신부에 대한 영화라고 했다.

태석은 집으로 돌아오면서 형에게 물었다.

"형! 다미안 신부가 누군지 알아?"

"아니, 나도 잘 몰라. 내일 영화를 보면 알겠지."

"형, 집에 빨리 가서 자자. 그러면 내일도 빨리 오잖아."

태석은 형의 손을 이끌고 집으로 달렸다.

"하하, 천천히 가. 넘어지겠다."

태석은 영화를 빨리 보고 싶었다. 다미안 신부가 어떤 사람인지 무척 궁금했다.

다음 날 성당에는 아이들이 일찍부터 모여 있었다. 태석과 태영도 아이들 틈에 자리를 잡고 앉았다.

"자, 여러분 이제부터 영화를 볼 거예요. 다른 사람들을 위해 떠들지 않도록 해요."

"네."

〈몰로카이의 성인〉은 젊은 신부가 한센병 환자들이 모여 사는 몰로카이 섬에 들어가 그들을 위해 헌신하는 삶을 담은 다큐멘터리 영화였다.

"흑, 흑."

영화가 시작되고 얼마 지나지 않아 여기저기서 아이들이 눈물을 흘리기 시작했다. 다미안 신부의 삶이 너무나 슬프고 감동적이었기 때문이다. 태석도 감동했다.

다미안 신부가 한센병 환자들이 사는 몰로카이 섬에 갔을 때 그곳은 서로 싸우고, 절망에 빠져 자살하는 환자들이 있는, 그야말로 지옥이나 다름없었다.

한센병 환자들은 오랜 시간 고통 받고 멸시를 받았기 때문

에 다미안 신부의 헌신적인 노력에도 코웃음만 쳤다.

"흥, 하느님의 사랑이 뭐 어쨌다고?"

"신부 양반. 하느님이 정말 나를 사랑한다면 이 썩어 문드러지는 팔을 고쳐달라고 해 보게."

한센병 환자들은 다미안 신부에게 빈정대며 욕설을 퍼부었다.

그때마다 다미안 신부는 무릎을 꿇고 하느님께 기도했다.

"주님, 저에게도 저들과 같은 병을 허락하시어 저들의 고통에 동참하게 해 주소서!"

다미안 신부가 간절히 기도하는 장면에서 태석은 자신도 모르게 두 손을 꼭 잡고 함께 기도했다. 그 어떤 기도보다 절실하게 느껴졌다. 다미안 신부의 기도는 너무나 간절했고, 그 기도는 응답이 되어 다미안 신부도 한센병 환자가 되고 말았다.

한센병에 걸린 후 기쁨에 찬 다미안 신부의 얼굴을 보고 태석은 또 한 번 울었다.

"여러분! 이제 저도 여러분과 똑같은 한센병 환자입니다. 하지만 하느님께서는 변함없이 우리를 사랑하고 계십니다. 제 몸은 비록 썩어 문드러지고 있지만, 제 마음속에는 언제나 평화가 있습니다."

한센병 환자들은 다미안 신부의 진솔한 사랑에 감동했다. 그들은 다미안 신부를 진정한 가족으로 받아들였다. 그동안 병과 좌절과 죽음만 있던 몰로카이 섬은 다미안 신부에 의해 차

즘 사랑과 평화의 섬으로 변해갔다.

　한센병 환자가 된 다미안 신부는 시간이 갈수록 손이 썩어 가고, 코가 뭉툭해졌다. 그렇지만 죽기 전까지 한센병 환자들을 돕는 일을 그만두지 않았다.

　얼마 뒤 다미안 신부가 죽음을 맞이하자 섬에 있던 모든 한센병 환자들이 자신의 아버지가 돌아가신 것처럼 통곡하고 울었다. 다미안 신부를 싫어했던 사람들도 울부짖으며 다미안 신부의 이름을 불렀다. 다미안 신부가 죽는 장면에서는 태석도 마치 자신이 몰로카이 섬의 한센병 환자가 된 것처럼 너무나 슬퍼했다.

　다미안 신부의 이야기가 알려지면서 한센병 치료를 위한 다미안 연구소가 세워졌다. 버림받고 있던 한센병 환자들에게도 치료의 기회가 생긴 것이다. 한센병 환자들은 자신의 마음속에는 항상 다미안 신부가 있다고 했다.

　영화는 끝났지만 아무도 자리에서 일어나지 않았다. 태석은 집으로 돌아오는 동안 형의 손을 잡고 말없이 걸었다.

"형. 우리도 다미안 신부처럼 살 수 있을까?"

"……."

"난 나중에 다미안 신부와 같은 삶을 살고 싶어. 형은 어떻게 생각해?"

태석은 가난하고 소외된 사람들의 삶을 위해 헌신한다는 것이 얼마나 큰 감동인지 알게 되었다.

"나도 소외된 사람들을 도와주는 신부가 되고 싶어."

태석은 형도 자신과 같은 생각을 하고 있다는 것이 놀랍고 기뻤다. 태영은 태석이 다른 형제 중에서 유독 잘 따르고 좋아하는 형이었기 때문에 더 기뻤다.

태석과 태영은 신부가 되어 가난하고 소외된 이웃을 위해 헌신하는 삶을 살기로 서로의 눈을 바라보며 무언의 약속을 했다. 그 때문인지 이 무렵 태석은 마태복음 25장 40절에 나오는 '너희가 여기 있는 형제 중에 가장 보잘것없는 사람에게 해 준 것이 바로 나에게 해 준 것이니라'라는 성경 구절을 가장 좋아

했다.

　태석은 시간이 날 때마다 성경 구절을 외우며 소외된 사람들을 위해 살기로 마음먹었다.

헌신적인 삶 배우기 2
훌륭한 사람들의 영향을 받자

　이태석 신부가 가난한 이웃을 위해 헌신적인 삶을 살겠다고 다짐하게 된 것은 어릴 적부터 이태석 신부의 삶에 큰 영향을 준 소 알로이시오 신부와 다미안 신부의 삶을 본받았기 때문이에요.

　소 알로이시오 신부는 1957년 우리나라가 육이오 전쟁으로 잿더미가 되었을 때 선교 사제로 입국했어요. 그리고 1992년 루게릭병으로 생을 마감하기까지 부산에서 평생 가난하고 버림받은 사람들을 위해 살았지요. 다미안 신부는 1859년 아버지의 반대를 무릅쓰고 예수와 마리아의 성심회에 입회하여 1873년 몰로카이 한센병 마을에 자원해서 한센병으로 죽을 때까지 한센병 환자들을 위해 헌신했답니다.

　이태석 신부가 이들에게 영향을 받은 것처럼 여러분도 본받고 싶은 훌륭한 사람이 있다면 그 사람의 삶을 따라가 보세요.

음악은 나를 기쁘게 해

"우와! 기타다."

어느 날 태석이 성당에 갔다가 집으로 돌아왔을 때 형이 빙에서 기타를 치고 있었다. 태석은 호기심이 생겼다.

"형. 나도 기타 좀 가르쳐 주면 안 돼?"

"조금만 지나면 형이 훌륭한 기타 연주자가 되어 있을 테니까 그때까지만 기다려."

"그게 언젠데?"

태석은 기타가 무척 치고 싶었다. 서툰 솜씨로 기타 연주를 익히고 있는 형의 옆에 바짝 붙어 형이 기타 치는 것을 유심히 쳐다보았다. 아직 서툴지만 기타 치는 형의 모습이 어느 때보다 멋져 보였다.

태석은 주일이면 성당의 청소년 성가대에서 소프라노로 활동하고 있어 음악에 관심이 많았다.

'기타를 배우면 내가 만들고 싶은 곡을 얼마든지 만들 수 있을 거야.'

이런 생각이 들자 태석은 기타에 대한 호기심이 더욱 커졌다.

그 후 태석은 형이 없는 시간을 이용해 몰래 형의 기타로 혼자 익히기 시작했다. 형이 훌륭한 연주자가 되어 가르쳐 줄 때까지 기다릴 수 없었다. 형이 하던 대로 왼손으로 코드를 잡고, 오른손으로 여섯 개의 줄을 튕겨 소리를 내 보았다. 코드를 잡은 손가락 끝이 무척 아팠다. 하지만 코드를 바꿀 때마다 소리가 달라지는 것이 신기했고, 기타에서 전해 오는 소리의 울림이 좋았다.

어느 날 집에 돌아와 보니 형이 기타를 치며 노래하고 있었다.

"형, 코드가 틀렸어. Cm(C마이너)코드는 그렇게 잡는 게 아니야."

"어떻게 기타 코드를 알고 있어?"

형은 태석의 말을 듣고 깜짝 놀랐다. 태석이 기타 치는 모습을 한 번도 본 적이 없었기 때문이다.

"난 벌써 그 곡은 다 끝냈는걸."

형 몰래 혼자 익힌 기타 실력이 어느새 형보다 훨씬 수준이 높아져 있었다. 형은 자존심이 상했지만 태석의 음악적 재능을 인정할 수밖에 없었다.

태석은 아코디언, 플루트 등 어떤 악기라도 며칠이면 연주할 수 있었다. 그것은 한번 마음을 먹으면 제대로 익힐 때까지 먹지도 않고, 잠도 자지 않고 악기에만 매달리는 고집스러움 때문이었다.

중학교에 진학해서는 음악 선생님에게 독창과 작곡을 배

웠고, 콩쿠르에 참가해 여러 번 입상하기도 했다.

태석은 시간이 날 때면 오선지를 들고 다니며 혼자 흥얼거리고 곡을 만들기를 좋아했다. 친구들이 흥얼거리면 악보에 그 음을 그릴 정도로 실력이 뛰어났다.

이 무렵 태석은 〈기도하리라〉라는 성가를 지었다. 그 후 〈묵상〉으로 곡명을 바꾼 이 곡은 추위와 굶주림에 시달리는 사람들과 전쟁으로 피를 흘린 사람들이 안타까워 만든 것으로 가톨릭 성가집에 실리기도 했다.

"이 맑고 경쾌한 소리는 뭐지?"

어느 날, 구불구불한 골목길을 휘휘 돌아 살랑대는 바람처럼 기분 좋은 음악 소리가 태석의 귀를 간질였다.

태석은 자신도 모르게 그 소리를 따라 발걸음을 옮겼다. 태석이 멈춰 선 곳은 피아노 학원 앞이었다. 태석의 발길을 이끈 것은 창 너머로 들리는 피아노 소리였다. 지금 들리는 피아노 소리는 사탕보다도 더 달콤하고 부드러웠다. 때로는 가슴

속 깊은 곳을 울리며 단숨에 태석을 사로잡았다.

'나도 피아노를 배우고 싶어. 이 아름다운 소리를 내가 만들어 낼 수 있다면 얼마나 좋을까?'

태석은 피아노를 배우고 싶었다. 기타나 다른 악기들은 빌려서라도 배울 수 있었다. 하지만 피아노는 온 마을을 뒤져야 겨우 한 대 있을 만큼 귀한 악기였다. 피아노를 배울 방법은 학원에서 개인 지도를 받는 것 외에는 없었다.

'우리 남매들 학교 등록금 내기도 어려운 형편에 피아노를 배우겠다고 하는 것은 너무 사치스러워.'

피아노를 배우는 것은 부잣집 아이들에게나 가능한 일이었다. 태석은 절망에 사로잡혀 고개를 가로저었다.

그날 이후 태석은 세상 모든 소리가 피아노 소리처럼 들렸다. 종일 머릿속에서는 피아노 소리가 떠나지 않았다. 태석은 귀를 막고 머리를 세게 흔들며 피아노 소리를 머릿속에서 지우려고 애썼다.

'왜 그 생각을 못했지? 나도 이제 피아노를 칠 수 있겠다.'

태석은 성당으로 달리기 시작했다. 성당에 있는 풍금이 번뜩 떠오른 것이다. 성당에는 아무도 없었고 풍금이 창으로 들어오는 빛을 받으며 놓여 있었다.

"피아노 대신 풍금으로 연주할 거야."

태석은 성가집을 꺼내 풍금의 건반을 하나하나 치며 소리를 익히기 시작했다. 오후의 햇살이 창을 뚫고 얼굴을 강하게 비추었다. 태석은 매일매일 성당에서 풍금을 쳤다.

햇살을 받으며 풍금 연습에 한창이던 태석은 누군가 자신을 지켜보는 것 같아 주위를 둘러보았다. 하지만 아무도 없었다. 그 순간 따스한 시선이 얼굴 가득 퍼지고 있는 것을 느꼈다.

"아! 예수님!"

고개를 돌리자 뒤편에 있던 십자가의 예수님이 따스한 시선으로 태석을 바라보고 있었다. 예수님은 홀로 풍금을 치며 피아노를 배우고 싶은 마음을 달래고 있는 가난한 소년을 위로하는 것 같았다.

태석은 매일 예수님의 따스한 시선을 받으며 풍금 치는 것이 행복했다. 그렇게 몇 달이 지나자 태석의 풍금 연주 실력은 수준급이 되었다.

"태석아, 요즘 매일 성당에 오는 것 같던데 무슨 일 있니?"

어느 날, 풍금 연습을 하기 위해 성당에 간 태석은 깜짝 놀랐다. 풍금 앞에 수녀님이 서 있었던 것이다.

"무슨 일이 있는 것은 아니고요. 그냥, 풍금이 치고 싶어서요."

수녀님은 웃으면서 태석에게 풍금을 쳐 보라고 했다. 태석은 머뭇거리다 그동안 연습한 것을 보여 주었다.

"태석아. 성당에서 풍금을 마음대로 칠 수 있게 도와줄까?"

"어떻게요?"

"어린이부 미사 때 반주를 맡으렴."

"제가요? 할 수 있을까요?"

"물론이지. 네 실력이면 아주 훌륭한 반주자가 될 것 같아."

 수녀님은 그동안 태석이 홀로 풍금을 치며 연습하는 것을 지켜보고 있었던 것이다. 태석은 뛸 듯이 기뻤다. 이제 풍금을 마음대로 칠 수 있어서 기뻤고, 다른 사람들을 위해 반주를 한다는 것이 더욱 기뻤다.

 태석은 홀로 풍금을 익히기 시작한 지 3개월 만에 어린이부 미사 반주를 하게 되었고, 6개월 뒤에는 성인부 미사 반주를 하게 되었다.

 태석을 성당에 열심히 다니도록 이끈 것은 음악이다. 홀로 풍금을 익히면서 예수님의 따스한 사랑을 느꼈고, 미사 때 반주를 하면서 남을 위해 봉사하는 것이 무엇인지 알게 되었다. 자신의 재능을 다른 사람들을 위해 쓸 때의 기쁨이 얼마나 소중하고 즐거운 것인지 알게 되었다. 음악을 통해 하느님을 만나고 성모와 예수님의 사랑을 전할 수 있다는 생각을 하게 되었던 것이다.

헌신적인 삶 배우기 3 ||||||||||||||||||||||||||||||||||||
부모님의 희생정신을 배우자

이태석 신부처럼 가난한 이웃을 위해 헌신적인 삶을 살기 위해서는 헌신과 사랑이 무엇인지 알아야 해요. 그런데 헌신과 사랑은 글로 배울 수 있는 것이 아니랍니다. 누군가의 헌신과 사랑을 경험해야 알 수 있어요. 이태석 신부는 어릴 적부터 헌신과 사랑이 무엇인지 알고 있었어요. 어떻게 알았을까요? 바로 어머니를 통해 배웠답니다. 이태석 신부의 어머니는 10남매를 혼자 키우기 위해 자신을 희생하며 자식들에게 헌신했답니다. 이런 어머니의 모습을 보며 이태석 신부는 자연스레 헌신과 사랑을 익히게 되었지요.

세상 모든 부모님은 자식을 위해 희생하고 있어요. 우리도 부모님의 희생정신을 배워야 하지 않을까요?

신부가 될 수 없다면 의사가 될래요

"마리아 수녀님, 안녕하세요?"

"그래. 태석이 왔구나."

고등학교에 진학한 태석은 학교가 끝나면 언제나 성당에 들렀다. 미사가 없는 날에도 성당에 가는 것은 어릴 때부터 놀이터 삼아 다니던 곳이기 때문에 당연한 일이었다.

"마리아 수녀님, 혹시 무슨 걱정 있으세요?"

"아, 아니다. 신경 쓸 것 없어."

늘 환하게 웃고 있던 마리아 수녀의 표정이 그날따라 밝지 못했다. 태석은 걱정스러운 마음에 다시 한 번 물어보았다.

"무슨 일이세요?"

"이번에 어린이 성경 학교 진행을 맡게 되었는데, 어떻게 해야 할지, 걱정이구나."

스무 살의 마리아 수녀는 송도 성당이 첫 부임지나 다름없었다. 그리고 성경 학교처럼 큰 행사를 맡은 것도 이번이 처음이었다.

"그런 일이라면 걱정하지 마세요. 제가 있잖아요."

태석은 다 잘될 거라고 마리아 수녀를 위로했다. 그리고 솔선수범하여 행사에 필요한 일들을 척척 준비했다. 덕분에 마리아 수녀는 어린이 성경 학교를 무사히 마칠 수 있었다.

태석은 자신이 가진 것을 다른 사람들에게 나누어 주는 것을 좋아했다. 그 당시 성당에는 공부방이 있었다. 남부민동은 대부분 단칸방에 여러 식구가 모여 사는 집들이 많았다. 그래서 아이들은 공부하고 싶어도 공부할 공간이 없었다. 이를 안타깝게 생각한 신부님이 성당의 한 공간을 공부방으로 내어 준 것이다.

공부방에는 태석과 성당 친구들이 매일 늦게까지 남아 공부를 했다. 그런데 태석은 아이들이 공부를 가르쳐 달라고 부탁하면 자신의 공부를 뒤로 미루고 도와주었다. 함께 운동하자고 하거나, 기타를 가르쳐 달라고 해도 자신의 공부를 뒤로 하고 친구들을 먼저 도와주었다. 그뿐만 아니라 친구들의 고민 상담도 곧잘 들어 주었다. 태석은 자신이 다른 사람에게 도움이 된다는 것이 무척 좋았다.

'너희가 여기 있는 형제 중에 가장 보잘것없는 사람에게 해 준 것이 바로 나에게 해 준 것이니라.'

태석은 언제나 어릴 때부터 좋아하던 성경 구절을 항상 가슴에 새기고 있었다. 태석은 다미안 신부 영화를 본 이후로 막연하지만 신부가 되려는 꿈을 키우고 있었다. 하지만 그 꿈을 포기할 수밖에 없는 일이 벌어졌다.

"어머니, 저는 신부가 되려고 합니다."

"뭐? 신부?"

고등학교 1학년 2학기 무렵의 어느 날이었다. 태영 형이 진지한 얼굴로 어머니 앞에 무릎을 꿇고 있었다.

"그게 무슨 말이냐? 자세히 말해 보아라."

그 당시 형은 가족에게 알리지 않고 신학교에 원서를 내고 합격했던 것이다. 태석뿐만 아니라 온 식구가 깜짝 놀랐다. 벌집을 쑤셔 놓은 듯 온 집안이 발칵 뒤집혔다.

"어머니, 죄송합니다. 어릴 때부터 품었던 생각이에요. 허락해 주세요."

어머니는 한참 동안 아무 말씀이 없었다.

"안 된다. 절대로 허락할 수 없다."

어머니는 단호했다. 하지만 형도 물러서지 않았다. 다음 날도 그 다음 날도 형은 어머니에게 사제_{주교와 신부를 통틀어 이르는 말}가 되는 것을 허락해 달라고 했다.

"글쎄 안 된다니까. 너마저 보낼 순 없다."

어머니는 누구보다 독실한 가톨릭 신자였다. 평생 하느님의 자식으로 산다는 것이 힘들지만, 축복받은 일이라는 것을

잘 알고 있었다. 그러나 어머니는 형이 신부가 되는 것을 반대할 수밖에 없었다.

얼마 전, 간호사로 일하던 넷째 영숙 누나가 평생 봉사하는 삶을 살겠다며 '국제 마리아의 사업회'에 들어갔기 때문이다. 어머니는 딸을 떠나보낸 아픔이 채 가라앉기도 전에 이번에는 아들을 보내야 했다. 어머니는 하늘이 무너지는 것 같았다. 하느님이 너무 가혹한 시련을 주는 것 같았다. 그래서 반대할 수밖에 없었다. 하지만 누나가 그랬던 것처럼 형의 마음을 돌릴 수 없다는 것을 어머니는 잘 알고 있었다.

"그래, 이 모든 것이 하느님의 뜻인 걸 내가 어쩌겠니."

며칠이 지나고 어머니는 형이 신부가 되는 것을 허락하고 말았다. 하염없이 눈물을 흘렸지만 형의 앞날을 진심으로 축복해 주었다.

형은 가난하고 겸손하게 살며 하느님을 섬기기 위해 '프란치스코 수도회'로 떠났다. 태석은 형의 뒷모습을 바라보며 혼란스러웠다. 꿈을 위해 수도회로 떠난 형이 부럽기도 했지만,

한편으로는 어머니가 너무 불쌍했다. 한꺼번에 자식 둘을 잃어버린 것과 같았다.

태석은 어릴 적부터 조금씩 키워오던 신부의 꿈을 접어야 할지도 모른다고 생각했다. 다미안 신부에 관한 영화를 보고, 평생 불쌍한 고아들을 돌본 소 알로이시오 신부의 모습을 보며 조금씩 키워왔던 신부의 꿈을 제대로 펼치지도 못하고 포기해야 할지도 몰랐다. 태석은 어떻게 해야 할지 무척 혼란스러웠다.

'일찍 돌아가신 아버지를 대신해 혼자 삯바느질로 10남매를 키우느라 고생하신 어머니를 호강시켜드려야 하는데……'

태석은 10남매를 위해 헌신하시는 어머니가 늘 안쓰러웠다. 그런데 자신마저 신부가 되겠다고 하면 어머니가 너무나 큰 고통으로 한평생을 살아야 할지도 모른다는 생각이 들었다. 어머니에게 똑같은 상처를 또 줄 수는 없었다. 어머니가 눈물로 형을 떠나보내는 모습을 잊을 수가 없었다.

며칠을 심각하게 고민한 태석은 의사가 되기로 다짐했다.

헌신적인 삶 배우기 4 ||||||||||||||||||||||||||||||||||||||

작은 재주라도 남을 위해 사용하자

이태석 신부는 공부, 음악 등 재주가 많았지만 한 번도 자신의 재주를 자랑하지 않았어요. 오히려 자신의 작은 재주를 친구들과 함께 즐겁게 지낼 수 있는 수단으로 삼았지요.

친구들을 위해 노래 부르고, 공부도 가르쳐 주었어요. 대학생이 되어서는 일주일에 몇 번씩 성당 공부방에 들러 후배들에게 공부를 가르쳐 주었고요. 그때 이태석 신부에게 공부를 배웠던 후배 중에는 의사와 변호사, 판사가 된 사람도 있답니다.

이태석 신부는 자신의 작은 재주가 모두를 행복하게 할 수 있다면 좋겠다고 생각했어요.

여러분도 이태석 신부처럼 작은 재주라도 남을 위해 사용하면 보람을 느낄 수 있을 거예요.

정말 내가 하고 싶은 것이 무엇일까?

의대에 진학한 태석은 어려운 의학 공부를 하느라 한시도 게으름을 피울 수 없었다. 하지만 타고난 음악적 재능 또한 썩힐 수 없었다.

태석이 다니던 대학교의 의대 신문사에서 학교를 사랑하는 노래인 애교가를 공모한 적이 있었다.

태석은 친구가 쓴 가사에 곡을 붙여 응모했고, 당선되었다. 이 노래는 그 당시 학생 수첩에 실려 학생들에게 꽤 인기 있었다.

태석은 교내 음악 동아리 실내 합주단 'JMC' 멤버로 첼로와 피아노를 맡아 매년 정기 연주회와 음악 캠프에 참여하며 왕성한 활동을 했다.

그뿐만 아니라 축제에서 노래자랑이나, 각종 노래 경연 대회가 있으면 태석은 상을 휩쓸었다. 결혼식이나 경사스러운 자리의 축가도 태석의 차지였다. 태석은 자신의 음악적 재능을 마음껏 펼치면서 덤으로 상금도 탔다. 태석은 대학 가요제를 나가기 위해 준비했지만 시험 기간과 겹쳐 어쩔 수 없이 포기해야 할 정도로 실력을 인정받았다.

어려운 의학 공부와 의료 봉사 활동, 그리고 각종 음악 활동으로 바쁜 시간을 보냈지만 빠지지 않고 했던 일이 있었다. 그것은 송도 성당의 공부방 봉사 활동이었다. 스스로 자원해서 성당 공부방에서 후배들에게 공부를 가르치는 선생님이 된 것이다. 누구보다 후배들의 사정을 잘 알기 때문에 정성을 다해 가르쳤다.

"우리는 공부 하나만 하기도 바쁜데 태석이는 성적도 상위

권이고, 음악 활동과 봉사 활동까지…… 완전 괴물이야.”

"그러게 말이야. 아마 태석이가 의사가 되면, 그 끼를 어떻게 할지 궁금해.”

"아무리 생각해도 음대에 갈 사람이 의대로 잘못 온 것 같아.”

친구들은 태석을 보면서 늘 신기하고 놀라워했다.

1987년 태석은 인제대학교 의과 대학을 졸업했다. 의사 국가 고시에도 합격하여 부산 백병원에서 인턴 과정도 1년간 수료했다. 이제 군의관군대에서 의사의 임무를 맡고 있는 장교으로 군 복무만 마치면 의사의 길을 갈 수 있었다. 태석은 군의관으로 입대했다.

"우와, 눈이다!”

어느 날 의무실 창밖으로 눈이 내리고 있었다. 태석은 자기도 모르게 밖으로 나가 눈을 맞았다. 태석이 나고 자란 부산은 눈이 거의 오지 않는 곳이기 때문에 내리는 눈이 마냥 신기했다. 그런데 아침부터 내린 눈은 점점 거세어졌고 몇 시간 만에 폭설이 되었다. 눈은 순식간에 산과 들, 지붕, 운동장까지 세상을 모두 하얗게 만들어 버렸다.

"군의관님, 큰일 났습니다. 병사 한 명이 실종되었다고 합니다."

태석은 부대의 병사들과 함께 폭설을 헤치고 실종된 병사를 찾기 위해 눈밭을 헤맸다. 한참 후에 실종된 병사를 찾았지만 이미 목숨이 끊어진 후였다.

'죽은 사람의 얼굴이 저렇게 천진난만할 수가 있을까?'

태석은 가슴이 아팠다. 병사의 얼굴은 죽은 사람이라고 하기에는 너무나 평온한 표정이었다.

그 사건 이후 태석은 죽음에 대해 생각하게 되었다. 그리고 자신의 삶을 돌아보게 되었다. 의대 6년 동안 의사의 길을 가기 위해 살아온 시간을 돌아보았고, 남부민동에서 뛰놀던 어릴 적 시간도 되새겨 보았다. 가슴 한구석이 텅 빈 듯한 느낌이 들었다.

태석은 군의관으로 복무한 지 3년째 되던 해, 제대를 4개월 앞두고 전의에 있는 부대로 옮기게 되었다.

"이곳에도 성당이 있네."

하루 일을 마치고 장교 숙소로 가던 어느 날이었다. 태석은 부대 앞에 작은 성당을 발견했다. 반가운 마음에 달려가 성당의 이곳저곳을 둘러보았다.

그 성당의 신부님은 마흔 살이 넘어 신학 공부를 시작해 뒤늦게 사제 서품을 받은 늦깎이 신부님이었다. 그리고 성당에는 신학생 몇 명이 방학을 맞아 봉사하고 있었다. 태석은 신부님과 이런저런 이야기를 나누며 금방 친해졌다.

태석은 시간이 날 때마다 성당을 자주 찾았다. 신부님과 신학생들과 이야기하면서 태석은 늘 어딘가 한구석 비어 있던 마음이 조금씩 채워지는 기분이 들었다.

"군의관님. 괜찮다면 성당에서 생활하는 것이 어때요?"

어느 날 주임 신부의 어머니가 태석에게 다정하게 물었다.

"네? 성당에서 생활하라고요?"

"그래요. 불편한 장교 숙소보다는 여기가 편하지 않겠어요?"

주임 신부 어머니는 태석이 장교 숙소와 성당을 오가는 것이 불편해 보였던 것이다.

"네! 감사합니다."

태석은 조금도 망설이지 않고 당장 짐을 싸들고 성당 사제

관에 딸린 작은 방으로 거처를 옮겼다.

그러던 어느 날이었다. 그날따라 좀처럼 잠을 잘 수가 없었다. 어릴 때 성당에서 놀던 장면과 풍금을 칠 때 햇살처럼 인자하게 바라보던 예수님의 얼굴이 떠올랐다.

성당 사제관의 작은 방에 있는 지금의 모습과 어릴 때 성당에서 풍금을 치던 모습이 자꾸 겹쳐졌다. 자리에서 일어나 한참을 생각하던 태석은 중요한 것을 깨달았다.

'내가 하느님을 잠시 잊고 있었지만, 하느님은 한 순간도 나를 잊지 않고 늘 지켜보고 있었어. 그래서 지금 이 자리에 있게 한 거야.'

군의관으로 있으면서 병사의 죽음을 본 이후부터 어지럽고 무거웠던 마음이 이제야 가벼워지는 것을 느꼈다.

"이제 알았어. 내가 갈 길은 이미 정해져 있었던 거야."

군 복무를 마친 태석은 병들고 가난한 사람들의 육신을 고쳐주기 위해 의사가 되었으니, 이제 그들의 마음의 병을 고쳐주기 위해 신부가 되어야겠다고 결심했다.

하지만 어머니를 생각하니 가슴이 아팠다. 형과 누나를 눈물로 떠나보낸 어머니에게 똑같은 상처를 주지 않기로 다짐했는데 의사가 된 아들이 하루아침에 신부가 되겠다고 하면 어머니가 받을 상처는 상상할 수 없을 만큼 클 것이다. 태석은 어떻게 하면 좋을지 도무지 방법이 생각나지 않았다.

태석은 어머니를 보면 신부가 되겠다는 결심이 흔들릴 지도 모른다고 생각했다. 그래서 한동안 집을 떠나 있기로 했다. 그러는 동안 태석은 어느 수도회에 들어갈지 선택해야 했다.

처음 마음에 두고 있었던 수도회는 의료 봉사를 주로 하는 '천주의 성 요한 수도회'였다. 하지만 쉽게 결정할 수가 없었다. 그 순간 태석은 송도 성당에서 자신을 친동생처럼 아껴주던 마리아 수녀님이 생각났다. 그래서 다른 성당으로 옮긴 마리아 수녀님을 한달음에 찾아갔다.

"오랜만이구나. 그동안 잘 지냈니?"

"네. 수녀님도 잘 지내셨어요?"

"그래. 잘 지냈단다."

"수녀님, 저 신부가 되려고 해요."

마리아 수녀님은 한동안 말을 할 수가 없었다. 신부가 되겠다고 결정하기까지 마음속으로 겪었을 수많은 고민과 갈등을 잘 알고 있었기 때문이다.

"쉽게 생각해서는 안 돼. 신중하게 선택해야 해."

마리아 수녀님은 태석이 누구보다 의지가 강하다는 것을 알고 있었지만 다시 물어보았다.

"사람들은 신부님을 존경하지만 그 길은 가지 않으려고 해. 그 길을 가려면 용기와 사명감이 있어야 한단다."

태석은 말없이 웃음으로 대답했다. 마리아 수녀님은 태석의 웃음에서 용기와 사명감을 보았다. 그리고 태석에게 맞는 수도회 몇 군데를 소개해 주었다.

태석은 수녀님이 소개해 준 예수회, 베네딕트 수도회 등을 직접 찾아다녔다. 마리아 수녀님이 소개해 준 곳 중에서 살레시오회도 있었다. 살레시오회는 가난한 청소년들을 위해 헌신하는 수도회로 신부님과 수사님들이 부모님이 없거나 학교

또는 사회에 적응하지 못하는 청소년들과 함께 생활하는 곳이었다.

살레시오회에 처음 방문했을 때 태석은 아이들 모임에 참석해 피아노를 치며 아이들과 즐겁게 보냈다. 아이들의 맑고 순진한 모습이 태석을 살레시오회로 이끌었다.

그 무렵 어머니는 집에 잘 들어오지 않고 밖으로만 다니는 태석의 행동을 이상하게 여겨 형제들에게 그 이유를 물었다. 처음에 형제들은 아무 일도 아니라며 어머니에게 비밀로 했지만 더 이상 숨길 수 없었다. 형제들에게 급하게 연락을 받은 태석은 서둘러 집으로 향했다.

"이게 무슨 날벼락이냐. 네가 신부가 된다고?"

"네, 어머니 죄송해요. 이미 마음을 정했어요. 가난한 사람들을 위해 살고 싶어요."

어머니는 태석의 말에 하늘이 무너지는 것 같았다.

"봉사하고 싶으면 의사가 돼서도 충분히 할 수 있어. 차라리 벽촌 같은 곳에 가서 가난하고 힘든 사람들을 도와주거라."

"저도 오랫동안 생각하고 결심한 거예요. 허락해 주세요."

"안 된다. 의사가 힘들면 의사 안 해도 좋다. 왜 하필 신부가 되려고 해!"

어머니는 목메어 더 이상 말을 할 수가 없었다. 어머니는 며칠 동안 울면서 타이르고 말렸다.

"의사로 큰돈 안 벌어도 된다. 평생 네가 하고 싶은 봉사하면서 살면 되잖아."

어머니는 두 아이를 하느님께 내줬는데 태석만큼은 도저히 못 보내겠다고 하셨다. 어머니는 평생 의지하고 섬겼던 하느님이 원망스럽게 느껴졌다. 하지만 태석의 뜻을 꺾을 수는 없었다. 태석은 어머니를 설득했다. 결국 어머니는 또다시 눈물로 아들을 품에서 떠나보내야만 했다.

1991년 8월, 태석은 살레시오회에 입회했다.

"수도회는 무엇보다 공동체가 우선이라는 것을 기억해야

한다."

살레시오회에 입회하기 전 마리아 수녀님은 태석에게 당부를 잊지 않았다. 성직자로서 교만과 유혹에 빠지지 말라는 뜻이었다. 태석도 죽을 때까지 살레시오회 설립자인 돈 보스코의 정신과 영성을 따르며 살기로 다짐했다.

태석은 하루가 다르게 자신이 새로워지는 것을 느꼈다. 그리고 '이 세상에서 가장 보잘것없는 사람이 누굴까' 하고 생각했다.

헌신적인 삶 배우기 5

봉사하는 삶을 살자

이태석 신부는 의사와 신부 사이에서 많은 고민을 했고, 결국 신부가 되기로 했어요. 단지 어릴 적 꿈을 좇아 신부가 되겠다는 것이 아니었어요. 고아원을 짓고 싶었던 것처럼 가난한 이웃을 위해 헌신하는 삶을 살고 싶었던 것이 이태석 신부의 진짜 꿈이었지요.

그 꿈을 이루기 위해서는 의사가 되는 것보다 신부가 되는 것이 더 낫다고 생각한 거예요. 가난한 이웃을 위해 헌신하려고 신부의 길을 선택했던 것이지요.

여러분도 작은 봉사를 할 수 있도록 현재 자신의 삶의 모습에 변화를 주는 것은 어떨까요?

신부가 되어 낮은 곳으로 임하다

태석은 광주 가톨릭대학교에서 2년 동안 철학 과정을 마친 후 서울 대림동 살레시오 수도원에서 2년 과정의 사목 실습을 하였다.

그리고 1994년 1월 첫 서원을 했다. 태석은 세상의 물질적 유혹에서 벗어나 깨끗한 삶을 살 것을 맹세하며 하느님의 뜻에 따라 자신의 모든 것을 바치기로 했다.

1997년 살레시오 수도회는 태석을 로마 교황청립 살레시오대학교로 유학을 보내 신학을 계속 공부하게 했다. 로마에서 신학 공부를 할 때 로마에 휴가차 온 공고미노 수사님을 만나게 되었다. 그는 당시 신학생이던 태석에게 아프리카 수단의 상황을 들려주며 선교사가 되어 아프리카 수단으로 올 것을 권유했다.

태석은 세상에서 가장 가난하고 소외되고 외로운 곳을 찾아 도움의 손길을 주고 싶었다. 그래서 1999년 여름 방학을 맞아 아프리카 케냐로 선교 체험을 떠나게 되었다. 그런데 케냐의 나이로비는 유럽의 어느 도시를 축소한 것처럼 높은 빌딩이 즐비했다. 거리도, 공원도 잘 정돈되어 있었다. 그동안 생각했던 가난하고 소외된 아프리카의 아픔과 상처는 어디서도 찾아볼 수 없었다.

'내가 아프리카에 대해 선입관을 가지고 있었어. 아프리카는 어디를 가든 모두 가난하다고 생각했었는데……'

태석은 아무런 대책 없이 나이로비에 온 자신에게 화가 났다.

"제임스 신부님, 저는 한국에서 온 이태석입니다."

"네, 반갑습니다."

"저에게 톤즈에 대해 알려주실 수 있으신지요?"

"물론입니다."

인도 출신인 제임스 신부는 살레시오회 신부로 아프리카 남수단에서만 30년 가까이 선교 활동을 하고 있었다. 태석은 나이로비 살레시오 공동체에 묵고 있었는데 저녁 말씀 때 자신을 톤즈에 사는 선교사라고 한 제임스 신부에게 톤즈에 관해 물어보았다. 태석은 제임스 신부에게 톤즈에 대해 궁금한 것이 많았다.

"나이로비는 제가 생각한 아프리카가 아닌 것 같아요. 그래서 지금은 조금 혼란스러워요."

"진짜 아프리카를 보고 싶나요? 그렇다면 수단으로 가야 해요. 그중에서 남수단을 가보면 생각이 달라질 겁니다."

제임스 신부는 함께 남수단으로 가자고 했다. 태석은 제임스 신부의 깊고 진실한 눈을 보고 운명처럼 다가오는 무언가를 느꼈다. 태석은 주저 없이 제임스 신부를 따라 남수단의

톤즈로 향했다. 남수단은 케냐의 나이로비에서 멀리 떨어진 곳이었다.

태석은 10여 일간 남수단의 작은 마을 톤즈에 체류했다. 톤즈는 한눈에 봐도 나이로비와는 전혀 다른 풍경이었다. 무더위 속에 수수죽으로 하루에 한 끼만 먹는 사람들, 여기저기 깔린 지뢰에 팔다리가 잘려나간 사람들, 간단한 열병이나 맹장염에도 죽어가는 아이들, 맨발로 걸어 다니는 여인들, 전쟁으로 부서진 건물에서 옹기종기 모여 살아가는 사람들의 모습이 태석이 본 톤즈의 첫인상이었다. 그야말로 충격이었다.

약 50여 년 전 영국에서 독립한 수단은 22년째 북부 수단의 아랍계 이슬람 세력과 남쪽으로 쫓겨난 원주민 반군 간의 처참한 전쟁이 계속되고 있었다.

최근 남수단에 많은 양의 석유가 매장되어 있다는 것이 알려지면서 북수단은 남수단의 석유를 차지하려고 더욱 치열하게 전쟁했다. 내전으로 남수단은 폐허나 다름없었다. 지금까지 수많은 사람이 죽었고, 고향에서 쫓겨났다.

신에게서 버림받은 땅, 남수단은 가장 굶주리고 폐허가 된 나라였다. 특히 톤즈는 전쟁의 폐허 속에서 아무런 도움도 받지 못한 채 생명의 불씨가 거의 꺼져 가고 있었다.

참혹한 전쟁의 흔적은 말할 것도 없고, 가축이 사는 축사보다도 못한 환경에서 온갖 질병에 노출된 채 생활하는 모습은 충격으로 다가왔다.

"얼마 전에는 홍역이 돌아, 감염된 아이들의 20퍼센트가 사망했습니다. 다섯 살 이하 아이들은 대부분 감염됐을 정도였죠."

톤즈의 참혹한 모습을 보며 충격에 빠진 태석에게 제임스 신부는 마을의 이곳저곳을 소개하며 마을의 실상에 대해 알려 주었다.

"너무 불공평합니다. 아무런 잘못도 없는 사람들이 왜 이토록 고통스럽게 살아야 하는 건가요?"

"지금은 옛날 일이 되었지만 예전에 반군에게 잡혀 18개월간 포로 생활을 한 적도 있었어요. 그때 얼마나 힘들었는지, 지금 생각해도 몸서리칠 정도랍니다. 풀려난 후 다시는 수단에 오지 않겠다고 결심하고 케냐로 나왔는데 참 신기하더라고요. 며칠 지나지 않아 남수단이 그리워 못 견디겠더라고요. 그래서 다시 돌아왔답니다."

제임스 신부는 그 당시의 기억이 살아나는 듯 자신도 모르게 얼굴을 찡그렸다. 하지만 곧 밝은 얼굴로 돌아와 톤즈에 대한 좋은 추억들을 하나둘 꺼내 놓았다.

'가장 보잘것없는 이에게 하는 것이 나에게 하는 것이라고 하신 예수님의 말씀은 바로 이들을 두고 하는 말이었구나. 사람이 저렇게도 가난할 수 있구나, 저렇게 죽음 가까이에서도 살 수 있구나.'

일정을 끝내고 로마로 돌아오는 내내 태석은 톤즈 사람들의 모습이 머릿속에서 떠나지 않았다. 그때 톤즈에도 한센병 환자들이 따로 모여 살고 있다는 것을 알게 되었다. 그들의 모습은 가장 가난하고, 힘든 삶이었다. 어릴 때 봤던 다미안 신부의 영화가 생각났다. 그들을 위해 무언가 해야만 했다.

그 순간 태석은 자신의 일생을 바칠 곳은 바로 톤즈라고 생각했다. 반드시 다시 돌아가리라 결심했다.

한국에 돌아온 태석은 2001년 6월 서른여덟의 나이로 사제 서품을 받았다. 그리고 그해 11월 약속대로 남수단의 톤즈로 갔다.

헌신적인 삶 배우기 6
돈 보스코처럼 살기로 하다

이태석 신부는 소외된 아이들에게 꿈과 희망을 주고 싶었어요. 그래서 청소년들을 위해 평생 헌신한 돈 보스코의 삶을 보고 살레시오회 입회를 결정하게 되었지요.

돈 보스코는 이탈리아 작은 마을의 가난한 농가에서 태어나 1841년 신부 서품을 받았어요. 불행한 청소년들을 위해 교육에 헌신하기로 하고, 청소년 마을을 설립했지요. 강요와 체벌 대신, 종교적 유대감을 중시한 돈 보스코의 교육은 큰 성과를 거두었어요. 이 교육 사업을 세계적으로 확대하기 위해서 살레시오회를 창립했답니다. 이태석 신부는 아이들을 위해 많은 일을 실천한 돈 보스코의 삶에서 자신의 꿈을 실현할 방법을 찾았어요.

여러분도 꿈을 이루기 위해 여러분과 같은 꿈을 꾸고 그 꿈을 이룬 사람을 롤모델로 정해 방법을 찾아보세요.

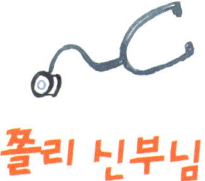

쫄리 신부님

    톤즈에는 살레시오회 수도원인 돈 보스코 오라토리오가 있었다. 오라토리오는 가난하거나 집이 없는 청소년들을 받아들여 의식주를 해결해주고 공부와 운동, 놀이를 제공하며 기술 교육, 직업 교육 등을 실시하는 곳으로 돈 보스코의 독창적인 교육 시스템이다. 이태석 신부는 아프리카에서 하느님의 사랑을 실천하겠다는 뜻을 품고 톤즈 아이들의 아버지이자 교사, 친구로 파견되어 왔다.

    "여기가 진료소입니다."

톤즈에 있는 살레시오 회원은 이태석 신부를 수도원 한쪽에 있는, 흙과 대나무로 대충 지은 세 칸짜리 움막으로 안내했다.

전기가 없어 대낮인데도 어두컴컴한 움막 진료소는 허리를 90도로 숙여야 들어갈 수 있었고, 대나무로 만든 침대 하나가 덩그러니 놓여 있었다. 그게 전부였다.

'이런 곳에서 과연 환자를 치료할 수 있을까?'

이태석 신부는 막막한 두려움이 밀려왔다. 그때 밖에서 서너 명의 남자들이 울부짖는 소리가 들렸다. 그들은 담요에 싼 여인을 진료소 앞에 내려놓고는 살려달라고 울부짖고 있었다.

여인은 임신 5개월째 죽은 아이를 낳고 피가 멈추지 않아 위독한 상황이었다. 아프리카에서 처음으로 맞는 환자였다.

이태석 신부는 가슴이 쿵쾅거리고 손발이 떨렸다. 환자를 진료소로 급히 옮기고 환자의 맥을 짚어보고 혈압을 재었지만 위험한 상태였다. 응급조치가 필요했다. 하지만 진료소에 있는 것이라고는 먼지가 잔뜩 쌓인 포도당 용액이 전부였다.

"어서 압박대를 가져와요."

"죄송하지만, 여기는 없습니다."

현지 보조 간호사는 당황해 했다. 이태석 신부는 할 수 없이 환자의 보호자에게 환자의 팔뚝을 세게 잡게 하고 겨우 포도당 주사를 놓고 응급조치를 했다. 그렇게 톤즈에서의 첫날이 지나갔다. 이태석 신부는 앞으로의 생활을 생각하니 가슴이 미어졌다.

"이런, 세상에."

다음 날 어제 응급 치료를 한 환자의 상태를 보기 위해 움막 진료소로 향한 이태석 신부는 깜짝 놀랐다. 움막 진료소 앞에는 이른 아침부터 많은 사람이 모여 있었기 때문이다.

그들은 맨발에 누더기 옷을 입고 바닥에 아무렇게나 앉아 있었다. 오랫동안 씻지 않아 몸에서는 코를 찌르는 악취가 났다.

이태석 신부는 아침 식사도 잊은 채 창고보다 지저분한 움막 진료소에서 먼지투성이 의료 기구 몇 개를 가지고 몰려든 환자를 치료하기 시작했다.

관절에 이상이 생겨 걷지 못하는 사람, 배에 물이 차 앉아 있기도 힘든 사람, 고열과 구토에 시달리는 사람, 콜레라로 심한 설사를 하며 탈수로 심장이 멎어 가는 사람, 오랜 내전으로 팔다리가 잘리거나 가족을 잃어 정신적으로 깊은 상처가 있는 사람 등 누가 봐도 오랫동안 병을 치료하지 않은 사람들이었다. 처음에 제대로 치료하고 약을 먹었으면 금방 나을 수 있는 병이었다.

"이 약은 식사 후에 먹어야 해요."

이태석 신부는 환자들에게 간단한 진통제만 처방할 수밖에 없는 현실에 또 한 번 가슴이 미어졌다.

'환자들을 진료할 수 있는 곳이라도 고쳐야겠어.'

이태석 신부는 좀 더 넓고 깨끗한 진료소가 필요하다고 생각했다. 급한 대로 대나무로 벽을 두르고 짚으로 지붕을 엮어 간이 진료소를 새롭게 만들었다. 이제 허리를 굽히지 않아도 진료소 안으로 들어갈 수 있었다.

이태석 신부는 하루도 쉬지 않고 아침부터 저녁까지 환자를 돌보았지만 환자의 수는 줄지 않았다. 진료소는 이른 아침부터 환자들로 언제나 북새통을 이루었다. 100킬로미터 떨어진 곳에서 며칠씩 걸어 찾아오는 사람들도 있었다. 톤즈에 유명한 의사가 왔다는 소문이 퍼진 것이다.

"쫄리 신부님! 쫄리 신부님!"

어느 날 밤, 지쳐 잠든 이태석 신부는 꿈결에 누군가 자신을 애타게 부르는 소리를 들었다. 그런데 꿈이라고 하기에는 그 소리가 너무나 또렷했다. 이상한 생각이 들어 이태석 신부는 자리에서 일어나 문을 열어 보았다. 그러자 문 앞에는 땀을 비 오듯 흘리며 아이를 등에 업은 한 남자가 이태석 신부를 부르며 서 있었다.

"신부님. 우리 아이가 이상해요. 제발 살려 주세요."

"어서 안으로 들어오세요."

이태석 신부는 급히 아이의 이마를 짚어보았다. 열이 심하게 났다. 말라리아_{말라리아 병원충을 가진 학질 모기에게 물려서 감염되는}

법정 전염병에 걸린 것 같았다. 아이를 급하게 진료소 침대에 옮겨 약을 먹이고 주사를 놓았다. 앙상하게 뼈만 남은 아이는 숨을 거칠게 몰아쉬며 뒤척이고 있었다. 그런데 시간이 지나도 좀처럼 열이 내리지 않았다. 열이 내리지 않으면 아이는 목숨을 잃을 수도 있었다.

"너무 걱정하지 마세요. 괜찮을 겁니다."

이태석 신부는 아이의 아버지를 달래 주었다. 침대로 돌아와 누워 보았지만 아이가 걱정되어 잠이 통 오지 않았다. 이태석 신부는 조용히 두 손을 모으고 기도했다.

다음 날 아침, 진료소 문을 빼꼼히 열고 한 아이가 웃으며 들어왔다. 어젯밤에 아버지 등에 업혀 온 아이였다.

"이제 괜찮니?"

"네. 고맙습니다."

"정말 다행이구나. 하느님 감사합니다."

이태석 신부는 환하게 웃는 아이를 안았다. 아이는 솜털처럼 가벼웠지만 생명의 소중함은 큰 울림으로 다가왔다.

　톤즈의 진료소에는 어느 병원에서나 흔히 볼 수 있는 현대식 의료 장비가 없었다. 상처를 꿰매 주고 약을 먹이는 것이 치료의 전부였다. 그리고 상처를 보듬어 주는 이태석 신부의 정성과 간절함이 있을 뿐이었다. 톤즈의 청결하지 못한 환경과 허름한 진료소, 소독되지 않은 의료 기구들로는 많은 환자를 돌보고 치료하기에 한계가 있었다.

　'주님이 저를 이곳에 부르셨으니, 저들을 도울 수 있는 방

법도 알려 주실 것이라 믿습니다.'

이태석 신부는 매일 간절하게 기도했다. 톤즈의 주민도 다른 나라 사람들처럼 좀 더 나은 의료 혜택을 누릴 권리가 있다고 생각했다. 그러기 위해서는 움막 진료소가 아니라 진짜 병원이 필요했다.

"제임스 신부님, 지금의 진료 환경으로는 환자들을 치료하기가 어렵습니다."

"그동안 생각해 보지 않은 것은 아닙니다. 어떻게 해야 할지 몰랐지요."

그동안 톤즈에는 의사가 거의 없었다. 의사가 오더라도 금방 돌아가 버렸다. 병원을 짓고 싶어도 의사가 없기 때문에 지을 수가 없었던 것이다.

이태석 신부는 환자를 돌보는 틈틈이 병원 설계도를 그리고 병원을 짓는 데 필요한 물품 목록을 작성했다. 하지만 톤즈나 남수단에서는 작은 못 하나도 구할 수가 없어서 필요한 물품을 구하려면 케냐의 나이로비까지 가야 했다. 물품을 들여

오는 데 적어도 2, 3개월이 걸렸다.

이태석 신부는 시간이 남는 대로 병원 지을 곳의 땅을 다지고, 나무를 자르고 못질을 했다. 진흙을 퍼 와서 벽돌을 만들기도 했다.

제임스 신부와 수녀들이 병원 짓는 일을 함께했다. 하지만 일손이 너무 부족했다. 이대로라면 몇 년이 지나도 병원을 지을 수 없을 것 같았다.

"병원 짓는 일을 도와주지 않겠니?"

이태석 신부는 주위에서 놀고 있는 아이들에게 다가가 일을 도와주면 품삯을 주겠다고 했다. 학교도 제대로 없어 놀기만 하던 아이들이 늘 안쓰러웠던 이태석 신부는 아이들에게 노동의 즐거움과 대가를 조금이나마 알려 주고 싶었다.

"정말요? 얼마나 주실 건데요?"

"네, 좋아요. 전 돈 안 받아도 돼요. 무슨 일을 도우면 되나요?"

아이들은 서로 먼저 일을 거들겠다고 했다. 이태석 신부는 아이들을 데리고 근처 강가로 가 모래를 퍼 나르고 시멘트와 섞어 튼튼한 벽돌을 만들었다.

"신부님, 우리도 도와줄게요."

어느 날, 나무 그늘에서 빈둥거리기만 하던 마을 남자들이 이태석 신부를 찾아왔다.

톤즈 사람들은 이태석 신부도 다른 의사들처럼 얼마 있지 않고 떠날 것으로 생각했다. 그래서 몇몇 사람들을 제외하고는 모두 이태석 신부를 멀리했다. 그런데 이태석 신부가 매일매일 아이들과 직접 병원 짓는 모습을 보고는 이태석 신부에 대한 믿음이 생긴 것이다.

드디어 꼬박 1년 만에 병원이 완공되었다. 깨끗한 진료실과 많은 사람이 입원할 수 있는 입원실, 그리고 주사실과 약품 창고, 봉사자들의 방을 포함해 열두 개의 방이 있는 근사한 병원이 문을 열었다. 톤즈에서 처음 지어진 현대식 시멘트 건물이었다.

"감사합니다. 이런 근사한 병원을 갖게 해 주셔서……."

이태석 신부는 새 병원이 완공되던 날 벅찬 감동으로 감사의 기도를 드렸다. 겉으로 보기에는 한국의 시골 보건소보다 못해 보였지만 이태석 신부가 보기에는 그 어떤 건물보다 훌륭하고 멋있어 보였다.

"우리에게도 이런 병원이 생기다니!"

"이제 마음 놓고 치료받을 수 있게 되었어. 우린 축복 받은 거야."

"쫄리 신부님, 만세!"

톤즈의 주민과 아이들은 감동했다. 모두 이태석 신부의 손을 잡고 기쁨의 눈물을 흘렸다. 직접 자신들의 손으로 지은 병원이 자랑스러웠다.

병원이 새로 지어졌다는 소식이 들리자 전보다 더 많은 환자가 찾아왔다. 병원을 찾는 환자 중에는 말라리아, 장티푸스, 이질 등 감염성 질환자들과 복부, 임파선 등 각종 결핵 환자가 많았다. 특히 어린아이들이 홍역으로 1년에 40명 정도 목숨을

잃었다.

"예방 접종만 하면 다 살릴 수 있을 텐데……."

아이들이 홍역으로 안타까운 죽음을 맞이할 때마다 이태석 신부는 너무나 괴로웠다. 예방 접종에 필요한 백신은 냉장고에 보관해야 하지만 톤즈에는 전기가 들어오지 않아 백신을 보관할 수가 없었다. 이태석 신부는 '전기가 들어온다면 얼마나 좋을까?' 하고 늘 생각했다.

어느 날 점심을 먹고 난 뒤 이태석 신부는 뜨거운 태양을 피해 나무 그늘에서 잠시 쉬고 있었다.

"그래. 아프리카에는 강렬한 태양이 있잖아."

이태석 신부는 좋은 생각이 떠올랐다. 태양열을 이용해 전기를 만드는 것이었다. 이태석 신부는 부품을 조립해 직접 설치하기로 하고, 서울에 있는 후원자들의 도움을 얻기로 했다. 얼마 후 태양열 발전에 필요한 장비와 물품이 도착했다.

"쫄리 신부님, 이게 다 뭐예요?"

"응. 이걸로 전기를 만들 거야."

아이들은 태양열 발전에 필요한 장비를 이리저리 조립해 만들고 있는 이태석 신부의 모습을 보고 신기한 듯 물었다.

"전기가 뭐예요?"

"전기는 어두운 밤에도 세상을 밝게 해 주는 거야."

"에이. 그런 게 어디 있어요?"

"신부님이 거짓말하면 안 돼요."

아이들은 밤에도 낮처럼 밝은 빛을 볼 수 있다는 말을 믿지 않았다. 그동안 전기를 한 번도 경험해 보지 않았기 때문에 상상도 못했던 것이다.

이태석 신부는 아이들에게 새로운 세상을 경험하게 해 주고 싶었다. 이태석 신부는 배운 대로 꼼꼼하게 병원 지붕에 태양열 집정관을 설치하고 전선을 발전기에 연결했다. 또 전등을 달고, 콘센트를 만들었다.

며칠 후 태양열 발전기 설치가 완료되었다. 날이 어둑어둑해지자 이태석 신부는 아이들과 주민을 병원으로 불렀다. 아이들과 주민은 신기한 마술을 구경하는 것처럼 이태석 신부의 행동을 하나도 놓치지 않고 지켜보고 있었다.

"자, 기대하세요. 이제 전기가 들어올 겁니다."

이태석 신부가 전등 스위치를 올리는 순간 깜깜했던 진료실이 대낮처럼 환해졌다.

"우와! 다시 낮이 되었다."

너무 놀라 바깥으로 뛰쳐나가는 사람도 있었다. 전기가 처음 들어온 날 톤즈는 축제나 다름없었다. 태양열로 전기를 만들고, 그 전기로 냉장고를 돌릴 수 있게 되었다.

얼마 후 이태석 신부는 냉장고에 보관한 백신으로 아이들에게 예방 접종을 했다. 홍역으로 죽는 환자가 단 한 명도 없기를 바랐다.

헌신적인 삶 배우기 7
이웃에게 필요한 도움을 주자

　누군가를 도울 때는 그 사람에게 절실히 필요한 것이 무엇인지 생각하고 도와주어야 해요.

　이태석 신부는 신부이기 때문에 하느님의 말씀과 사랑을 전하는 선교가 목적이었어요. 하지만 이태석 신부는 오랜 내전으로 고통 받은 톤즈의 주민에게는 하느님의 말씀도 중요하지만 가난과 질병에서 벗어나는 것이 더 중요하다고 생각했어요. 그래서 병원을 짓고 학교를 다시 여는 일을 무엇보다 중요하게 생각했답니다.

　누군가에게 도움을 줄 때는 그 사람에게 가장 필요한 것이 무엇인지 먼저 생각해 보는 것이 중요해요.

아이들의 미래를 위해 학교를 짓다

이태석 신부는 새벽에 일어나 기도로 하루를 준비했다. 그리고 간단한 아침을 먹고 진료소로 향했다.

"신부님, 어디 가세요?"

"응. 진료소에 가는 길이야."

"신부님이 진료소에 간대."

아이들은 환호성을 지르며 진료소 앞마당까지 따라왔다. 아이들은 진료소 앞마당 나무 그늘에 앉아 진료하는 이태석 신부의 모습을 쳐다보기도 하고, 토요일마다 보여 주는 중국 무술 영화를 보고 쿵후 동작을 따라 하기도 했다. 그러다 심심하면 작은 나뭇가지 하나를 두고 다툼을 벌이기도 했다.

거의 매일 아이들은 이태석 신부를 따라다녔고, 진료소 앞마당을 놀이터 삼아 놀았다.

"아이들이 왜 진료소 앞마당에만 모여 놀까요?"

이태석 신부는 제임스 신부에게 조용히 물어보았다.

"마땅히 놀 곳이 없어서 그럴 겁니다. 학교라도 있으면 좋을 텐데……."

이태석 신부는 갈 곳이 없어 방황하는 아이들에게 무엇이 필요한지 알 것 같았다.

'예수님이라면 이곳에 성당을 먼저 지으셨을까? 학교를 먼저 지으셨을까?'

당연히 학교를 먼저 지으셨을 것이란 확신이 들었다.

"아이들의 미래는 교육이라고 생각합니다. 학교를 세우는 것이 어떨까요?"

사실 1999년 톤즈에는 제임스 신부가 세운 돈 보스코 학교가 있었다. 70여 명의 아이를 데리고 나무 그늘 밑에서 칠판 하나로 시작했다. 그 후 벽돌로 지은 학교가 완공되었다. 그러나 2001년 내전이 심해지면서 학교 건물이 폭격을 받아 대부분 무너지고 말았다.

"제가 돈 보스코 학교를 다시 열도록 하겠습니다."

이태석 신부는 아이들에게 배움의 즐거움을 주고 싶었다. 교육을 통해 아이들에게 지금보다 나은 미래를 보여 주고 싶었다.

얼마 후 이태석 신부는 아이들을 모아 망고 나무 밑에 임시 학교를 열었다. 생각보다 아이들의 반응은 뜨거웠다. 비록 낡은 칠판을 걸고 수업을 하는 것이지만 아이들의 눈은 반짝반짝 빛났다. 아이들은 공책이 없어 땅바닥에 글씨를 쓰며 공부했다.

이웃 마을 아이들도 돈 보스코 학교가 다시 열렸다는 소문을 듣고 찾아오기 시작했다. 아주 멀리 떨어진 곳에서 온 아이들도 있었다. 이 아이들은 수업이 끝나고 집에 가려면 밤을 새

워 걸어가야 했다. 이태석 신부는 멀리서 오는 아이들을 위해 움막으로 기숙사를 지었다.

얼마 후 새로 지은 움막 교실에서는 아이들이 긴 통나무 의자에 여럿이 다닥다닥 붙어 앉아 수업해야 했다. 그런데 움막 교실로는 점점 늘어나는 아이들을 수용할 수 없었다. 이태석 신부는 부서진 학교를 보수하고 더 크게 지었다. 기숙사도 새롭게 지었다. 이제 중등 과정까지 학생들을 받을 수 있게 되었다. 그 결과 돈 보스코 학교는 톤즈에서 누구나 다니고 싶은 유명한 학교가 되었다.

'오늘 밤은 달이 참 밝구나.'

어느 날 밤, 기도를 마치고 잠자리에 들려던 이태석 신부는 창밖으로 비치는 보름달에 눈길을 빼앗겼다. 머리 위로 휘영청 떠오른 보름달은 너무나 밝았다. 이태석 신부는 숙소를 나와 마을로 향했다. 어릴 적 천마산 정상에서 보던 보름달이 생각났다. 어머니와 가족 얼굴도 떠올랐다. 가족을 생각하니 가슴이 뭉클해졌다.

"우와, 쫄리 신부님이다."

한참을 고향 생각에 빠져 있던 이태석 신부는 아이들이 달려오자 깜짝 놀랐다.

"잠도 안 자고 여기서 뭐 하니?"

"……."

"손에 들고 있는 걸 보여 줄래?"

이태석 신부 주위로 몰려든 아이들이 들고 있는 것은 책과 공책이었다. 그런데 아이들이 들고 있는 책은 이미 낡고 너덜너덜해져 금방이라도 찢어질 것 같았다. 공책도 몇 번을 썼는지 빈칸이 없을 정도였다.

"보름달이 뜬 밤에는 책을 읽을 수가 있거든요."

밤이 되면 어두워 공부할 수가 없지만, 달 밝은 밤이면 아이들이 책을 들고 나와 공부를 하는 것이었다.

이태석 신부는 어려운 환경에서도 책을 읽고 공부하려는 아이들이 기특했다. 어렵게 공부하던 자신의 모습이 떠올랐다.

이태석 신부는 아이들이 달빛 아래에서 책을 읽고 공부하는 모습을 한참 동안 지켜보았다. 이태석 신부는 아이들에게 매일 책을 읽을 수 있게 해 주어야겠다고 생각했다.

"오늘부터 여기서 공부하도록 하렴."

며칠 후 이태석 신부는 아이들에게 전구가 세 개 달린 간이 성당을 자습실로 내주었다.

"신부님 정말이에요?"

"이제 밤에도 공부할 수 있겠어요."

"그래. 매일 밤 누구든 와서 공부하고 가도 좋아. 그런데 밤 9시까지만 이용해야 한다."

전기가 없는 톤즈에서 성당과 진료소만이 태양열 발전기를 이용해 전기를 쓸 수 있었다. 그런데 발전기 용량이 부족해 전기를 사용할 수 있는 시간이 밤 9시까지였다.

"네, 감사합니다."

아이들은 세상에서 가장 밝은 미소를 지었다. 그날 이후 아이들은 자리가 없을 정도로 몰려들었다. 아이들은 좁은 공간에도 무릎에 책을 올려놓고 열심히 공부했다. 밝은 불빛 아래에서 공부할 수 있는 것이 무엇보다 행복했다.

"신부님, 더 공부하게 해 주시면 안 될까요?"

얼마 지나지 않아 아이들은 공부할 수 있는 시간을 더 달라고 떼쓰기 시작했다.

"더 이상 전기를 쓸 수가 없는데……."

"부탁드려요."

이태석 신부는 난처해졌다. 시간을 늘리려면 태양열 발전기의 용량을 늘려야 하는데 당장 부품을 구할 수가 없었다. 그렇다고 공부하겠다는 아이들의 열망을 꺾을 수도 없었다.

할 수 없이 비싼 등유를 구해 발전기를 돌려 더 공부할 수 있게 해 주었다. 덕분에 아이들은 밤 11시까지 마음대로 공부할 수 있게 되었다.

이태석 신부는 톤즈 강으로 아이들과 소풍을 갔다. 이태석 신부는 소년 시절로 돌아간 것처럼 아이들과 함께 열심히 물놀이를 즐겼다. 그런데 몇 명의 아이들이 의기소침해 있었다.

"즐겁지 않니?"

"그냥 그래요."

"왜? 놀 때는 열심히 놀아야 해."

"신부님, 고등학교도 만들어 주시면 안 돼요?"

"그게 무슨 말이냐?"

물놀이를 간 아이들 중에는 중학교를 졸업하고 이제 고등학교로 진학하는 아이들이 여럿 있었다. 돈 보스코 학교에는 고등 과정이 없었다. 그래서 멀리 떨어져 있는 공립 고등학교에 가야만 했다.

공립 고등학교는 거리가 멀고, 돈이 많이 드는 것도 문제였지만 오랜 내전으로 공립 학교 선생님들은 제때 월급을 받지 못했다. 그래서 선생님들은 오전에 한두 시간만 가르치고는 돈을 벌기 위해 다른 일을 해야 했다.

이태석 신부는 돈 보스코 학교에 고등 과정도 필요하다고 생각해 이를 톤즈 살레시오 수도원의 공동체 원장인 제임스 신부에게 말했다.

"좋은 생각입니다. 수도원에 알려 의논해 보겠습니다."

"좋은 결과가 있었으면 합니다."

얼마 후, 톤즈 살레시오 수도원의 결정에 따라 고등 과정을 개설하게 되었다. 일단 교실은 초등학교 창고를 깨끗이 치우고 사용하기로 했다. 교복은 한국에서 입지 않는 고등학교 교복을 얻어서 아이들에게 입혔다. 교과서는 케냐에서 사고 세 명의 선생님도 케냐에서 데려왔다. 더 많은 선생님이 필요했지만 형편이 어려워 어쩔 수가 없었다. 새로 온 선생님들은 많은 돈을 받지 못했지만 좋은 일이라 생각하며 톤즈까지 왔다. 이태석 신부는 진료와 미사를 보지 않는 시간을 이용해 아이들에게 수학과 음악을 가르쳤다.

이로써 돈 보스코 학교는 고등 과정까지 11년 과정이 온전히 갖춰진 학교가 되었다. 돈 보스코 고등학교는 공립 고등학교가 12시에 수업을 끝내는 것과 달리 오후 3시까지 알차게 수업했다.

돈 보스코 고등학교는 얼마 지나지 않아 남수단에서 가장 실력 있는 학교로 알려졌다. 먼 곳에 있는 고등학교로 유학 간 아이들도 다시 돌아올 정도였다.

 헌신적인 삶 배우기 8

아이들의 미래는 교육에 있다

한참 자라는 아이들에게는 무엇이 필요할까요?

좋은 음식, 좋은 옷도 중요하지만 미래에 대한 희망이 없다면 아무런 소용이 없을 거예요.

오랜 내전으로 고통 받은 톤즈 아이들은 미래에 대한 희망이 없었어요. 하루하루 버티며 사는 것이 전부였지요. 하지만 아이들은 미래에 대한 희망을 품고 살아가야 해요.

이태석 신부는 아이들이 자신이 원하는 미래를 그리고 꿈을 이루는 방법은 교육밖에 없다고 생각했어요. 손수 학교를 짓고, 직접 아이들의 선생님을 자처한 것도 아이들의 미래와 톤즈의 미래를 위해서였고요.

여러분은 미래에 대한 희망이 없는 삶을 상상할 수 있나요?

톤즈의 음악 천재들

"신부님, 오늘은 어떤 영화를 보여 줄 거예요?"

"전 무술 영화가 좋아요."

"맞아. 무술 영화는 중국 영화가 최고야."

"미안하다. 오늘은 동물 영화를 보여 줄 거야."

"안 돼요. 무술 영화 보여 주세요."

이태석 신부는 토요일이면 아이들과 마을 주민을 위해 성당에서 작은 영사기를 돌려 영화를 보여 주곤 했다. 아이들과 주민은 영화 보는 토요일을 손꼽아 기다리며 영화가 상영되기

몇 시간 전부터 모여들었다. 이태석 신부가 보여 주는 영화는 대사가 그리 많지 않아 이해할 수 있는 영화들이었다.

해가 지고 날이 어두워지자 영사기가 돌아가고 성당 벽에 걸어둔 흰 천이 멋진 스크린으로 변했다. 재잘거리던 아이들도 일제히 숨을 죽이고 영화에 빠져들었다.

"악!"

그런데 갑자기 어디선가 여자아이의 비명이 들렸다.

"전쟁이 났나 봐!"

"어서 도망가자."

비명을 들은 아이들은 빛과 같은 속도로 순식간에 모두 도망가 버렸다.

"왜 그래? 무슨 일이야?"

영사기를 끄고 성당 외등을 밝힌 이태석 신부는 소리가 난 곳으로 달려갔다. 아주 큰일이 벌어진 것이 틀림없다고 생각했다. 비명을 지른 여자아이가 오들오들 떨고 있었다. 영화를 보는 도중 발밑에 뱀이 나타나서 물릴 뻔한 것이었다. 잠시 후

별일 아니란 것이 밝혀지자 다시 아이들이 하나둘 나타나기 시작했다.

톤즈 아이들은 오랜 내전으로 전쟁에 대한 공포가 심해 조그만 소리에도 늘 놀라고 불안과 두려움에 떨었다. 특히 전투기 소리에 아주 민감하게 반응했다. 전투기 소리가 들리면 어김없이 폭격이 이어졌고, 그 폭격으로 집도 무너지고 가족도 잃고, 팔다리도 잃게 되었다. 그래서 전투기 소리와 비슷한 소리만 나도 아이, 어른 할 것 없이 몸부터 숨기고 본다. 이번에도 아이들은 무슨 상황인지 살피지 않고 비명을 듣고 무조건 피했던 것이다.

이태석 신부는 전쟁으로 상처 받은 톤즈 아이들을 위로하고 상처 받은 영혼을 치료해 줄 방법이 없을까, 고민하기 시작했다.

그러던 어느 날, 이태석 신부는 어린 시절 성당에서 성가대를 한 기억이 떠올랐다.

'아이들에게 음악을 가르치면 좋겠어.'

그 당시 성가를 부르고 연주를 하면서 마음이 편안해지고 두려움이 없어졌던 기억이 떠올랐다.

"악기도 함께 연주하고 찬양하면 아이들 마음에 기쁨과 희망의 씨앗을 심을 수 있을 거야."

이태석 신부는 평소 미사를 볼 때 찬양에 남다른 재주가 있는 아이들을 중심으로 음악반을 만들었다. 악기라고는 리코더, 기타, 오르간이 전부였다. 비록 볼품없는 악기지만 아이들이 악기의 기초를 배우는 데 오랜 시간이 걸릴 것으로 생각했다. 그런데 이태석 신부의 예상은 빗나갔다.

아이들은 리코더는 소리만 듣고도 금방 따라서 연주했고, 기타는 코드만 알려 주었는데 며칠이 지나자 연주할 수 있었다. 어떤 아이는 일주일 만에 오르간을 양손으로 연주했다. 평소에 잘 웃지 않던 그 아이는 오르간을 치면서 해맑은 웃음을 되찾았다.

"하느님. 이 척박한 땅에 사는 아이들에게 특별한 재능을 주셔서 감사합니다."

이태석 신부는 아이들에게 그동안 알지 못했던 음악적 재능이 있다는 것에 감사했다. 아이들도 자신 안에 숨겨져 있던 음악적 재능에 놀라워했다.

"아이들에게 제대로 된 악기를 가르쳐보자."

이태석 신부는 남수단 최초의 브라스밴드를 만들기로 했다. 그런데 브라스밴드에는 많은 악기가 필요했다. 그리고 그 악기들을 사려면 많은 돈이 필요했다.

이태석 신부는 한국 후원자들에게 브라스밴드에 필요한 악기와 유니폼을 지원해 달라고 도움을 청했다. 얼마 후 색소폰, 클라리넷, 트럼펫, 북, 심벌즈, 트롬본 등 많은 악기와 금색 줄무늬가 선명한 브라스밴드 유니폼이 생겼다.

그런데 문제가 있었다. 이태석 신부도 처음 접하는 악기가 많았던 것이다. 이 악기들을 아이들에게 가르치려면 자신이

먼저 악기 다루는 법을 익혀야 했다.

　이태석 신부는 밤하늘의 별보다 아름다운 아이들의 초롱초롱한 눈망울을 생각하며 힘을 내기로 했다. 그리고 악기 설명서를 보면서 하나하나 소리를 내 보고 두드려 보았다. 이태석 신부는 일주일 동안 악기와 씨름하며 각 악기의 음계를 모두 익혔다.

　"자. 지금부터 악기를 나눠 줄 거야."
　"우와. 신 난다."
　음악반 아이들이 일제히 소리를 지르며 좋아했다.
　"잘 봐. 손가락을 이렇게 잡고, 입으로 공기를 세게 불어 봐."
　이태석 신부는 악기 잡는 방법조차 모르는 아이들에게 일

일이 설명하면서 계이름부터 가르쳤다.

'악기를 제대로 불고 합주를 하게 되려면 적어도 4개월은 걸릴 거야.'

그런데 또다시 놀라운 일이 생겼다. 이틀이 지나자 대부분의 아이가 완전하지는 않지만 자신의 악기를 다루고, 소리를 내기 시작했다. 도저히 상상할 수 없는 기적 같은 일이었다. 목관 악기는 소리를 내는 데만 1개월 이상 걸리는 것이 정상인데 단 이틀 만에 소리를 낸다는 것은 놀라운 일이었다.

'이대로라면 당장 합주도 할 수 있겠어.'

이태석 신부는 새로운 희망이 생겼다. 다음 날 이태석 신부는 아이들에게 〈주 찬미하라〉라는 성가의 악보를 나눠주었다. 처음에는 불협화음안어울림음으로 들리던 합주가 연습을 거듭할수록 듣기 좋은 화음으로 바뀌었다.

아이들은 수많은 연습 끝에 첫 합주곡을 완벽하게 연주했다. 너무나 감동적이었다. 한 번도 음악을 배운 적 없는 아이들이 악기 연주는 물론, 합주까지 성공한 것은 그야말로 기적이었다.

"……."

아이들은 고개를 숙인 채 아무 말도 하지 않았다. 세상에 아름다운 음악이 있다는 것을 처음 깨닫게 된 것이다. 그리고 자신들이 아름다운 음악 소리를 만들어 냈다는 것에 감동해 좀처럼 눈물을 그칠 줄 몰랐다.

"우리가 이렇게 아름다운 소리를 낼 수 있다니 믿을 수가 없어요."

수십 년간 울려 퍼지던 총성 대신 아름다운 음악 소리가 처음으로 톤즈의 하늘에 울려 퍼진 순간을 아이들도 믿을 수가 없었다.

"신부님, 총과 무기를 녹여 트럼펫과 클라리넷을 만들면 좋겠어요. 그래서 톤즈에 총소리 대신 음악 소리가 울려 퍼지게 하고 싶어요."

눈물을 훔치며 한 아이는 이태석 신부에게 감동에 찬 목소리로 말했다.

"신부님, 고맙습니다."

아이들은 이태석 신부를 끌어 안았다. 이태석 신부는 이 모든 것이 기적 같은 하느님의 은혜라고 생각했다.

전쟁으로 고통을 받은 아이들을 위로하겠다는 생각에서 시작했지만, 이제는 아이들의 음악적 재능을 좀 더 살려 행복한 음악을 할 수 있게 도와주고 싶었다. 이태석 신부는 학교와 병원 일로 바빴지만 브라스밴드를 위해 다양한 곡을 편곡하고 만들어 연습시켰다.

2005년 남북 수단이 전쟁을 멈추는 평화 협정을 맺었을 때 이태석 신부는 〈너에게 평화를 주리라〉라는 곡을 만들어 브라스밴드와 함께 연주했다. 이 노래는 톤즈 사람들의 애창곡이 되었다.

브라스밴드가 만든 화음은 톤즈 마을을 넘어 남수단 전체로 퍼졌다. 사람들은 브라스밴드가 만들어 내는 아름다운 화음에 온통 마음을 빼앗겨 버렸다.

얼마 후, 로마에서 추기경이 남수단을 방문할 때 환영식에서 브라스밴드가 연주해 주었으면 좋겠다는 연락이 왔다. 이태석 신부와 아이들은 무척 흥분했다.

아이들은 덜컹거리는 트럭을 타고 비포장도로를 달리면서도 연신 웃음을 잃지 않았다. 오히려 덜컹거리고 딱딱한 트럭 바닥에 엉덩이가 부딪치는 것을 즐기고 있었다. 그뿐만 아니라 아이들은 지치지도 않는지 쉬지 않고 노래부르며 신 나는 공연 여행을 즐기고 있었다.

환영식장에 도착한 브라스밴드는 추기경의 일정에 따라 여기저기서 연주했다. 아이들은 밥도 제대로 먹지 못했다. 이태석 신부는 톤즈로 돌아가기 전 연주하느라 고생한 아이들에게 특별한 선물을 하고 싶었다. 그래서 근처 외국 관광객들이 주로 가는 고급 레스토랑을 찾았다. 그곳에서 아이들에게 시원한 탄산음료를 사 주었다.

아이들은 태어나서 한 번도 차가운 탄산음료를 먹어본 적이 없었다. 차가운 음료수 병을 잡는 것조차 힘들어했다. 결국 휴지로 감은 다음에 병을 잡을 수 있었다. 아이들은 톡 쏘는 탄산에 신기하고 즐거워했다.

레스토랑의 외국인 관광객들은 화려한 유니폼 차림의 브라스밴드가 신기했는지 자꾸 쳐다보았다.

"우리는 톤즈에서 온 돈 보스코 브라스밴드입니다. 괜찮으시다면 연주해봐도 될까요?"

"네. 좋습니다."

관광객들은 큰 박수로 맞아 주었다. 편하게 쉬던 아이들도 연주한다는 소리에 어느새 악기를 들고 모였다. 이태석 신부의 지휘 아래 브라스밴드의 연주가 시작되었다. 연주가 끝나자 우레와 같은 박수가 쏟아져 나왔다. 아이들은 어깨가 으쓱해졌다.

돌아오는 내내 아이들은 피곤함도 잊고 노래하며 이야기꽃을 피웠다. 이태석 신부는 아이들의 즐거워하는 모습을 바라보며 감사함을 느꼈다.

그 후 브라스밴드는 남수단 대통령이 방문할 때면 대통령 일행을 따라다니며 연주를 도맡아 했다. 그리고 대통령이 국빈나라에서 정식으로 초대한 외국 손님을 맞을 때도 초청 공연을 했다.

헌신적인 삶 배우기 9 ||||||||||||||||||||||||||||||||||||||||||||||
물질보다 영혼의 상처를 치유하다

　상처에는 쉽게 치유되는 상처와 오래도록 치유되지 않는 상처가 있어요. 몸이 다쳐 생기는 상처라면 치료를 잘하면 금방 나을 수 있어요. 하지만 마음에 생긴 상처는 잘 치유되지 않는 답니다.

　내전의 공포로 톤즈 아이들은 작은 소리에도 소스라치게 놀라 몸을 숨기고, 조그만 일에도 화를 내고 싸움을 했어요. 톤즈 아이들은 영혼에 상처를 받았기 때문이에요. 이태석 신부는 이런 톤즈 아이들에게 음악을 통해 상처 받은 영혼을 치유하려 했고, 아이다움을 찾아주려고 노력했어요.

　여러분 우리가 행복한 것은 물질이 아니라 영혼이 행복하기 때문이 아닐까요?

한센병 환자를 품에 안다

이태석 신부는 병원을 운영하면서 매일 많은 환자를 진료했다. 하지만 아직도 며칠씩 걸어서 병원으로 오는 환자들이 많았다.

톤즈는 몇 킬로미터 안 되는 가까운 이웃 마을이라도, 도로가 없고 길이 힘해서 왕래하려면 많은 시간이 걸렸다. 죽을 병에 걸린 사람들이 며칠 동안 들것^{환자나 물건을 실어나르는 기구의 하나}에 실려 병원에 오는 경우도 종종 있었다. 그렇지만 병원에 오고 싶어도 못 오는 사람들이 더 많았다.

이태석 신부는 각 마을에서 간호사 역할을 할 의료 보조사를 선발했다. 그리고 그들에게 위생과 의료에 필요한 교육을 했다. 그러자 의료 보조사들의 간단한 예방 활동만으로도 말라리아, 폐렴, 설사 등의 질병으로 병원을 찾는 환자의 수가 급격히 줄었다.

이태석 신부는 병원까지 찾아오지 못하는 주민을 위해 매주 수요일마다 마을 주민을 찾아다니는 이동 진료를 시작했다.

이태석 신부가 찾아가는 날은 마을의 모든 주민이 모이는 날이 되었다. 아파서 모이고, 심심해서 모이고, 구경하고 싶어서 모였다. 아이들은 "쫄리, 쫄리" 하며 이태석 신부를 졸졸 따라다녔다.

이태석 신부가 빠지지 않고 찾아가는 곳이 있었는데 그곳은 바로 한센병 환자들이 모여 사는 마을이었다. 톤즈에는 한센병 환자들이 수십 명씩 숲 속에 작은 마을을 이루고 살고 있었다. 그들은 약 한 번 제대로 먹지 못하고, 진료도 제대로 받지 못한 채 외롭게 고통을 이겨내고 있었다.

'쵸나'라는 한센병 환자 마을을 찾아간 어느 날이었다. 진료를 마치고 환자들에게 옥수수 알갱이와 식용유를 나누어 주고 있을 때 한 여인이 자신의 딸을 데리고 급하게 이태석 신부에게 왔다.

"신부님, 제 딸이 한센병에 걸린 것 같아요."

그 여인은 딸의 몸 이곳저곳에 난 반점을 이태석 신부에게 보여 주었다. 이태석 신부는 꼼꼼하게 여자아이를 진찰했다. 다행히 단순한 피부병이었다.

"어머니. 안심하세요. 한센병이 아니에요."

이태석 신부는 안도의 한숨을 쉬며 기쁜 마음으로 말했다. 톤즈에서는 자신이 한센병에 걸린 것도 모른 채 오랜 세월을 치료도 받지 못하고 지내는 사람들이 많다.

"그래요? 알았어요."

그런데 여인은 오히려 실망하는 기색이 역력했다. 이태석 신부는 너무나 당황스러웠다. 결과를 듣고 무척 기뻐할 줄 알았기 때문이다.

'아!'

그 순간 이태석 신부는 그 여인이 왜 그런 표정을 지었는지 알았다. 아이와 여인의 손에 식용유와 옥수수 알갱이를 담아갈 봉지와 깡통이 들려 있는 것을 본 것이다. 한센병 환자에게만 주는 음식 배급을 받지 못해 실망한 것이다.

'얼마나 먹을 것이 없고 가난했으면 어머니가 딸이 한센병에 걸리길 바랐을까……'

이태석 신부는 힘없이 돌아가는 여인과 딸을 불러 옥수수 알갱이와 식용유를 나누어 주었다. 그러나 마음 한구석에는 딸의 목숨을 대신해 음식을 구걸해야 하는 한센병 마을의 현실이 너무도 가슴 아팠다.

남수단에서도 톤즈는 모두 가난하다. 그중에서도 가장 가난한 사람들이 한센병 환자들이었다. 한센병에 걸리면 감각이 없어 손과 발에는 항상 상처가 끊이질 않았다. 고름이 터진 상처에서는 심한 악취가 났다. 한센병 환자들은 다 쓰러져가는 움막에서 생활하며 가족과 사회로부터 소외된 삶을 살고 있었다. 한센병 환자들의 고통은 우리가 상상하는 것 이상이었다.

무엇보다 힘든 것은 모든 사람이 한센병에 걸린 사람들을 피하고 멸시하는 것이었다. 사람들은 한센병 환자들이 손가락과 발가락이 없고, 코가 썩어 떨어져 나간 모습을 보고 흉측하다며 돌을 던졌고, 심한 악취가 난다며 멀리했다.

자연히 한센병 환자들은 다른 사람들을 피하고 멀리하게 되었다. 그런 이유로 한센병 환자들은 처음에는 이태석 신부를 반기지 않았다. 그렇지만 이태석 신부는 정해진 날에 어김없이 찾아갔고, 집을 지어주고, 땅을 마련해 간단한 농사도 짓게 해 주었다. 또 펌프를 설치해 깨끗한 지하수를 먹을 수 있도록 도와주었다. 무엇보다 상처에 난 고름을 직접 짜주고 진심으로 진료하는 모습에 환자들도 이제는 이태석 신부가 오는 날을 손꼽아 기다렸다.

이태석 신부도 한센병 환자들이 있는 마을을 방문할 때가 가장 행복했다. 이태석 신부가 오는 날은 마을 잔칫날과 같았다. 세상에 버려진 자신들을 찾아와 말벗이 되어 주고, 미사도 드리고, 진료를 받고 약도 먹을 수 있고, 음식도 받을 수 있었기 때문이었다.

"빵! 빵!"

이태석 신부는 한센병 환자들 마을에 도착하면 자동차 경적을 울렸다.

"와. 쫄리 신부님이다."

가장 먼저 아이들이 환호성을 지르며 달려오고 마을 사람들도 어디서 무엇을 하든 일을 멈추고 마을 중앙에 있는 큰 나무 밑으로 하나 둘씩 모여들었다.

"레지나 할머니, 뭐가 그렇게 즐거우세요?"

알약 세 알을 손가락이 없는 손으로 받아든 레지나 할머니가 환하게 웃고 있었다.

"신부님이 주시는 것은 뭐든 감사하지요. 이 알약은 우리에게 천국의 음식입니다. 감사합니다."

눈가에 눈물이 맺힌 레지나 할머니는 연신 감사하다는 말을 하며 세상에서 가장 귀중한 음식을 먹는 사람처럼 알약을 먹었다.

이태석 신부는 살이 떨어져 나가는 고통에도 항상 즐겁게 사는 레지나 할머니의 모습에 늘 감동했다. 레지나 할머니뿐만 아니라 한센병 환자들은 아주 작은 것에도 모두 감사해 하고 기뻐했다. 어려운 삶 속에서도 늘 행복한 웃음을 머금고 있는 모습을 볼 때마다 이태석 신부는 행복한 기운을 얻곤 했다.

치료가 끝났지만 한센병 환자들은 돌아갈 생각을 하지 않고 그동안 있었던 일들을 이태석 신부에게 이야기하기 바빴다. 마치 오랜만에 가족을 만난 것처럼 이야기보따리를 풀어 놓았다.

그런데 한센병 환자들은 발가락이 없는 뭉툭한 발로 절뚝거리며 다니고, 고름이 흐르는 발로 흙바닥을 걸어 다녔다. 맨발로 다니는 한센병 환자들을 볼 때마다 이태석 신부는 마음이 편하지 않았다. 몇몇 환자들은 발에서 피가 흘러 고름과 뒤

엉켜 있었다.

"이거요? 어제 다친 건데, 아픈지도 몰라요."

이태석 신부가 피가 난 발을 가리키자 아무렇지도 않다며 웃고 있었다.

"그래도 상처가 덧나면 어떻게 합니까? 신발이라도 신어야지요."

하지만 한센병 환자들은 손가락 발가락이 없어 신발을 신으려 해도 발에 맞는 것이 없었다.

얼마 후 이태석 신부는 후원회 방문과 강연으로 한국에 오게 되었고 오랜만에 만난 친구에게 한센병 환자 이야기를 했다.

"그들은 맞는 신발이 없어. 그래서 맨발로 다니는데 온통 상처투성이야. 그 상처 때문에 감염되고 한센병이 더 심해져, 목숨을 잃을 때도 있어."

이태석 신부는 한센병 환자들을 생각하며 한숨을 길게 내

쉬었다.

"이 신부, 뭐 그리 걱정을 심하게 하나."

"뭐 좋은 방법이라도 있어?"

"있지. 맞는 신발이 없으면 직접 만들면 되잖아."

친구는 발이 변형되어 신발을 신을 수 없는 소아마비 장애인들을 위해 맞춤 신발을 만들어 주는 신발 가게 사장님 이야기를 들려주었다. 그 사장님은 장애인들의 발을 일일이 그려서 거기에 맞는 신발을 만들어 준다고 했다.

"그래! 내가 직접 그들의 발에 맞는 신발을 만들어 주면 되겠구나!"

톤즈로 돌아온 이태석 신부는 당장 한센병 환자 마을을 찾았다. 그리고 한 사람도 빠짐없이 종이 위에 환자들의 발을 대고 발 모양을 그렸다.

"신부님, 왜 우리 발을 그리는 거예요?"

한센병 환자들은 지저분한 자신의 발을 그리는 이태석 신부가 의아했다.

"곧 놀라운 일이 벌어질 겁니다. 조금만 기다려 보세요."

이태석 신부는 곧 있을 부활절 선물로 고무로 발 모양을 맞게 오려서 샌들을 만들어 선물할 예정이었다. 진료소로 돌아온 이태석 신부는 곧바로 발 모양이 그려진 종이를 케냐의 수도인 나이로비로 보내 샌들을 만들어 달라고 주문했다.

얼마 후 신발이 도착했다. 이태석 신부는 신발을 하나씩 꺼내 보았다. 다 만들어진 신발은 이태석 신부의 신발과 비교해도 뭉툭하고 볼품없었다. 하지만 한센병 환자들에게는 큰 도움이 될 신발이었다.

"여러분에게 드리는 부활절 선물입니다."

드디어 이동 진료 날이 되어 이태석 신부는 한센병 환자 마을을 찾았다. 그리고 큰 나무 밑에 모인 환자들에게 신발을 보여 주었다.

"신부님. 이게 뭡니까?"

"여러분 발에 맞는 맞춤형 신발입니다."

이태석 신부는 한센병 환자들 발에 맞는 신발을 하나하나

꺼내어 일일이 신겨 주었다. 그들은 뜻하지 않은 신발 선물에 뛸 듯이 기뻐했다.

"감사합니다. 쫄리 신부님은 천사입니다."

한 할머니는 신발을 벗어 가슴에 품고 눈물을 흘렸다. 이태석 신부는 보잘것없는 고무로 만든 신발 하나에도 마치 세상을 다 가진 듯이 좋아하는 천진한 모습을 보며 또 한 번 감사 기도를 드렸다.

그리고 작은 것에도 감사하는 그들에게 오히려 미안했다.

'이곳 한센병 환자들을 보면 그들을 위로하며 함께하는 예수님의 존재를 느낄 수 있어. 한센병 환자들이 이 땅에 온 작은 예수님이자 천국의 열쇠일지도 몰라.'

이태석 신부는 척박한 땅 아프리카에 오게 한 것도, 후회 없이 기쁘게 살 수 있는 것도 주님의 존재를 체험하게 하는 한센병 환자들의 신비스러운 힘 때문이라고 생각했다.

헌신적인 삶 배우기 10

가장 가난한 사람들에게서 배우는 행복

　어떤 사람은 많은 재물에 행복을 느끼고, 어떤 사람은 자신의 외모에 행복을 느끼지요. 그리고 자신보다 못한 사람들을 보고 상대적으로 행복을 느끼는 사람도 있어요.

　가난한 사람이 행복하다고 생각하는 사람은 많지 않아요. 그런데 세상에서 가장 가난한 사람들도 그들만의 행복이 있답니다. 이태석 신부는 가난한 사람 중에 가장 가난한 한센병 환자들에게서 행복을 배웠어요. 보잘것없는 작은 것에도 감사하고 기뻐하며 행복한 미소를 띠는 그들은 몸이 온전한 사람들이나 많은 재산이 있는 사람들이 느끼지 못하는 행복을 느껴요. 행복은 똑같이 주어지는 것이 아니라, 작은 것에도 감사하고 기뻐할 때 생기기 때문이에요.

울지 말아요, 나는 괜찮아요

2008년 10월 말 이태석 신부는 남수단의 공항에서 수단 지역 선교를 맡고 있는 신부와 선교사들의 배웅을 받고 있었다. 한국으로 휴가를 떠나기 위해서였다.

"어때요? 휴가를 떠나는 제가 부럽지요?"

"네. 무척 부럽습니다."

이태석 신부는 웃으며 농담을 했다.

"신부님이 보고 싶어 어쩝니까? 돌아오시면 잔치라도 벌여야겠습니다."

"하하하. 좋습니다. 약속 꼭 지켜야 합니다."

이태석 신부는 즐거운 마음으로 비행기에 올랐다. 그리고 인천 공항에 도착했다. 공항에는 살레시오 수도회 형제들, 수단 어린이 장학회 인사 그리고 초등학교 친구가 나와 있었다. 오랜만에 반가운 사람들을 보니 매우 기뻤다.

한국에 도착한 다음 날부터 이태석 신부는 톤즈 아이들과 주민을 돕기 위한 후원회와 여러 모임에서 강연을 하느라 바쁜 일정을 보내고 있었다. 그래서인지 몸은 점점 더 피곤해졌다.

"신부님. 많이 피곤해 보여요. 쉬셔야 할 것 같아요."

주위 사람들은 이태석 신부가 걱정되었다.

"그래요? 좀 피곤하지만 괜찮아요."

이태석 신부는 별일 아니라며 웃었다. 그러나 몸 상태는 회복되지 않았다.

"종합 검진 받은 지 얼마나 되셨어요?"

"종합 검진이요? 여름에 간단한 검진을 받긴 했는데."

"그럼, 이번에 종합 검진을 한 번 받아보세요. 아무래도 몸 상태가 정상은 아닌 것 같아서요."

이태석 신부는 살레시오회 형제들의 권유에 못 이겨 병원에 갔다. 그런데 검사 받는 내내 의사들의 표정이 하나같이 어두웠다. 함께 간 이들은 뭔가 잘못되었다는 것을 직감하고 조마조마한 마음으로 검사 결과를 기다리고 있었다.

"선생님, 결과가 어떤가요?"

"그게…… 죄송합니다. 대장암입니다."

어렵게 입을 연 의사의 말에 그들은 하늘이 무너지는 것 같았다.

"정말인가요? 혹시 검사가 잘못된 건 아닌가요?"

"저희도 의심스러워 몇 번을 다시 검사했습니다."

대장암은 조기에 발견하고 잘 치료하면 완치할 수 있는 병이었다. 하지만 이태석 신부는 이미 대장암 중에서도 말기였다.

"의사가 뭐래요?"

이태석 신부는 의사를 만나고 돌아오는 살레시오회 형제들에게 물었다. 그들은 머뭇거리며 어렵게 말을 꺼냈다.

"중요한 얘기니까 잘 들어야 해요. 암이래요, 대장암. 그것도 말기……."

"괜찮아요. 금방 나을 수 있어요."

대장암 말기라는 말을 듣고도 이태석 신부는 아무렇지도 않다는 듯 웃고 있었다.

"왜들 울고 그래요. 얼른 나아서 다시 아프리카로 돌아갈 테니까 두고 보세요."

그는 오히려 눈물을 머금고 슬퍼하는 이들을 위로하고 있었다. 입원해서 치료를 받아야 한다는 말에 이태석 신부는 아직 해야 할 일들이 많아 병원에 있을 수 없다며 바로 병원을 나서고 말았다.

암 선고를 받은 지 3일 후, 이태석 신부는 인제대학교 설립자인 백낙환 이사장을 만나 같이 점심을 먹었다.

"제가 곰탕을 무척 좋아합니다. 아프리카에 있다 보니 그동안 못 먹었는데, 오랜만에 먹으니 정말 맛있네요."

곰탕 한 그릇을 눈 깜짝할 사이에 뚝딱 해치운 이태석 신부는 환하게 웃었다.

"이 신부, 톤즈 생활은 힘들지 않고?"

이사장은 아프리카에서 고생하고 있는 이태석 신부가 안쓰러웠다.

"네. 아프리카 생활이 제 체질에 맞는가 봅니다. 아주 잘 지내고 있어요. 실은 이사장님께 간곡한 부탁이 있어 이렇게 뵙자고 했습니다."

"그래? 이 신부가 하는 부탁은 뭐든 들어줘야지. 부탁이란 게 뭔가?"

이사장의 호쾌한 반응에 이태석 신부는 기분이 좋아졌다.

"감사합니다. 다름이 아니라 톤즈 아이들 중에 의대를 다니고 싶어 하는 아이들이 있어요. 그 아이들이 인제대학교에서 공부할 수 있게 도와주셨으면 합니다."

열악한 환경에서 자라고 있는 톤즈 아이들이 의학 공부를 한다는 것은 거의 불가능한 일이다. 하지만 톤즈의 미래는 아이들의 교육에 있다는 것을 잘 알고 있는 이태석 신부는 아이들에게 좀 더 나은 교육을 받게 하고 싶었다.

"그렇게 하도록 합시다. 어린아이처럼 환하게 웃고 있는 이태석 신부의 얼굴을 보고 있으면 거절할 수가 없어."

이사장은 이태석 신부가 톤즈를 얼마나 사랑하고 있는지, 진심을 느낄 수 있었기 때문에 흔쾌히 허락했다.

그날 이태석 신부는 이사장에게 대장암 말기 진단을 받았다는 사실을 알리지 않았다. 오히려 건강한 사람보다 더 환하고 유쾌하게 웃으며 이야기를 나눴다. 나중에 이 사실을 안 이사장은 무척 슬퍼했다.

이태석 신부는 암 선고를 받았다는 사실도 잊고 분주한 날들을 보냈다. 수단 어린이들을 위한 모금 음악회에 나와 환한 표정으로 통기타를 치며 노래도 불렀다.

시간이 지날수록 이태석 신부의 건강은 점점 나빠져 결국 입원을 해야 했다. 병원에 입원하기 전날 이태석 신부는 어머니를 찾아갔다. 예정보다 일찍 아프리카로 돌아가게 되었으니 걱정하지 말라는 말을 전하고는 곧바로 입원했다.

그 후 몇 달 동안 어머니는 이태석 신부가 병원에 입원한 사실을 모른 채 아프리카로 돌아갔다고 믿고 있었다. 그러던 어느 날 미사에 참석한 어머니는 깜짝 놀라고 말았다.

"현재 투병 중인 이태석 신부를 위해 기도합시다."

"지금, 이태석 신부라고 했나요? 제가 잘못 들은 건 아니죠?"

어머니는 너무 놀라 옆사람에게 몇 번이나 물어보았다.

"내가 알고 있는 이태석 신부는 내 아들밖에 없는데……."

그때 뒤에 앉아 있던 이태석 신부의 누나가 급히 어머니를 모시고 집으로 갔다. 그리고 모든 사실을 말했다. 어머니는 당장 이태석 신부가 있는 병원으로 향했다. 무너져 내리는 마음을 부여잡고 어머니는 병실 문을 열었다.

"엄마. 왔어요?"

이태석 신부는 환하게 웃는 표정으로 아무렇지도 않은 듯 어머니를 맞았다.

"아이고. 하느님 아버지, 차라리 이 늙은이를 데리고 가시고 우리 아들은 살려 주세요."

어머니는 이태석 신부의 손을 잡고 눈물을 흘렸다.

'이번 항암_{암세포의 증식을 억제하거나 암세포를 죽임} 치료만 끝나면 톤즈로 돌아갈 수 있어.'

이태석 신부는 고통을 참으며 독한 항암 치료를 묵묵히 견뎠다. 톤즈에는 초롱초롱한 눈빛을 담고 뛰노는 아이들, 아름다운 음악을 들려주는 브라스밴드의 아이들, 톤즈의 미래를 위해 책을 보고 있는 아이들과 아픈 환자들, 무엇보다 자신의 손길을 절실히 기다리는 한센병 환자들이 있었기에 꼭 돌아가야 했다.

병실에서 눈을 감고 있으면 톤즈의 풍광이 생생하게 보였다. 진료소 앞마당에서 놀고 있는 아이들과 나무 그늘 밑에서

손을 흔들며 반겨 주는 주민의 모습이 눈앞에 아른거렸다.

"다시 톤즈로 돌아가야 해요. 우물을 파다 왔거든요. 어서 가서 마무리해야지요."

이태석 신부는 늘 웃음을 잃지 않았고, 사람들에게 아프리카로 돌아가야 한다고 말했다. 암세포가 온몸을 덮고 있고, 항암 치료로 머리카락이 빠지고, 수척한 얼굴을 하고 있었지만 이태석 신부의 영혼까지는 삼키지 못했다. 병문안을 오는 사람들은 항상 환하게 웃으며 맞아주는 이태석 신부에게 위로를 받고 갈 정도였다.

병원에서 더 이상 입원 치료를 할 수 없다며 사실상 시한부_{어떤 일에 일정한 시간의 한계를 두는 것} 인생을 선고한 후 이태석 신부는 대림동 살레시오회에서 지냈다. 가족은 공기 좋은 곳에 요양도 하게 하고, 몸에 좋다는 것을 찾아 먹이고 싶었지만 이태석 신부는 한사코 거절했다.

"전 여기가 좋아요. 공기 좋은 곳에서 요양하는 것보다 살레시오회에 있는 아이들과 이야기하는 것이 더 좋아요. 아이들과 함께하는 시간이 훨씬 값지고 행복해요. 톤즈 아이들을 보는 것 같아요."

이태석 신부는 살레시오회에 있으면서 더 많은 사람에게 수단과 톤즈를 알리기 위해 틈나는 대로 글을 쓰기 시작했다. 그리고 얼마 후 톤즈의 이야기들을 책으로 엮어 출간했다.

"어서 와. 오랜만에 보는구나."

얼마 후 이태석 신부는 톤즈에서 온 토마스와 존을 만났다. 토마스와 존은 인제대학교에서 의학을 공부하기 위해 수단 어린이 장학회의 초청으로 한국에 왔다. 톤즈 아이들을 좋은 환경에서 공부하게 하는 것이 이태석 신부의 꿈이었다. 그 첫 번째 꿈이 이루어진 것이다.

"쫄리 신부님!"

그런데 토마스와 존은 이태석 신부의 모습을 보고는 무척 당황스러웠다. 톤즈에서 보던 모습이 아니었기 때문이다. 이태석 신부가 암 투병 중이라는 사실을 한국에 와서야 알게 된 토마스와 존은 이태석 신부의 품에서 하염없이 눈물을 흘렸다.

생사를 넘나드는 투병에 힘들어하는 줄도 모르고 오지 않는 쫄리 신부를 원망했던 자신들이 미워졌다.

"이런, 왜 어린아이들처럼 울고 있어. 나는 괜찮아."

이태석 신부는 환한 웃음으로 눈물을 흘리는 토마스와 존을 달래 주었다.

"열심히 배워서 좋은 의사가 되어야지. 그리고 톤즈로 돌아가 사람들을 도와주어야지. 너희가 톤즈의 미래라는 걸 잊지 마라."

"네. 그럼요. 전 언제나 쫄리 신부님처럼 봉사하며 살 거예요."

"저도 쫄리 신부님이 우리에게 했던 것처럼 수단을 위해 살 거예요."

토마스와 존은 이태석 신부의 품에서 굳은 다짐을 했다. 그리고 그들은 이태석 신부가 암으로 투병하고 있다는 사실을 톤즈 사람들에게 알렸다. 톤즈 사람들은 누구보다 가슴 아파했다. 자신이 병에 걸린 것보다 더 아파했다. 그들은 편지를 보내기도 하고, 매일매일 이태석 신부를 위해 간절한 기도를 드렸다.

하지만 수많은 사람의 기도에도 이태석 신부의 몸은 이미 암세포와 싸우기 힘든 상황이었다. 결국 복수가 차기 시작해 다시 병원에 입원했다.

그러나 이태석 신부는 언제나 웃음을 잃지 않았다. 사람들에게 보여 주기 위한 웃음이 아닌, 진정으로 행복한 웃음이었다. 늘 웃으며 기도하는 모습에 사람들은 더 슬퍼했다.

"하느님께서 저를 특별히 더 사랑하셔서 고통의 특별한 은혜를 주시는 겁니다. 울지 마세요. 저는 괜찮아요."

이태석 신부는 많이 가지지 않아 불편한 것은 견딜 만한 가치가 있고, 이런 불편함을 통해 사람들이 누리는 것에 대한 참된 가치를 알게 되고 그걸 통해 하느님의 지극한 사랑을 느끼게 된다며 사람들을 위로했다.

헌신적인 삶 배우기 11 ||||||||||||||||||||||||||||||||||||

봉사에 대한 희생을 원망하지 말자

봉사나 도움은 대가가 없어요. 어떤 사람들은 봉사에 대한 대가로 사람들이 자신을 알아 주었으면 하고 바라기도 하지요.

'난 참 좋은 일을 하고 있는 사람이야'라며 우쭐거리기도 해요. 그런데 가난한 이웃을 위해 헌신하던 중 고칠 수 없는 병에 걸렸다면 어떨까요? 자신이 한 봉사와 헌신을 후회하고 통곡하겠지요.

이태석 신부는 가난한 이웃을 위한 헌신의 대가로 암이라는 병을 얻었지만 누구도 원망하지 않았어요. 다만 많은 사람이 자신을 보고 봉사와 헌신과 희생을 멈추지 않기를 바랐지요. 가난한 이웃을 위해 봉사하고 헌신하는 것 자체가 큰 행복이라는 것을 말해 주고 싶었던 거예요.

잘가요, 쫄리

이태석 신부는 병실을 찾아온 사람들을 둘러보며 기쁨의 미소를 짓고 아주 나지막이 말했다.

"모든 것은 잘될 거예요."

그러고는 피곤하다며 이내 잠이 들었다. 그리고 다시는 깨어나지 못했다.

2010년 1월 14일 새벽 5시, 이태석 신부는 입가에 엷은 미소를 띠며 마흔여덟의 일기로 영원한 안식을 맞았다.

"죄송해요. 처음에는 신부님을 믿지 못했어요. 얼마 안 있다 곧 떠날 줄 알았거든요. 신부님이 우리에게 하는 것을 보고 진심이라는 걸 알았어요. 그리고 모든 것을 믿고 의지했는

데……. 꼭 신부님의 말처럼 열심히 공부해서 톤즈로 돌아가 신부님처럼 살겠습니다."

소식을 듣고 달려온 토마스는 온기가 다한 이태석 신부의 손을 잡고 울음을 멈추지 못했다.

"이제 저는 누구를 바라봐야 하나요?"

존도 이태석 신부의 주검 앞에서 펑펑 울었다. 토마스와 존은 이태석 신부처럼 어려운 사람을 도우며 살아가겠다고 눈물로 다짐했다.

아프리카 남수단의 톤즈 마을 아이들의 친구이자, 의사이며, 선생님이었던 이태석 신부는 7년 동안 섭씨 40도가 넘나드는 더위 속에서 말라리아와 홍역과 한센병으로 고통 받는 원주민과 함께했고, 헐벗고 굶주린 아이들을 위해 병원과 학교를 짓고, 음악도 가르치며 수단 아이들을 웃게 했다.

어릴 적 꿈은 고아원을 짓는 것이었고, '너희가 이 가장 작은 이들 가운데 한 사람에게 해 준 것이 바로 나에게 해 준 것이다'리는 싱경 구설을 가장 좋아한 톤즈의 돈 보스코 이태석 신부의 육신은 전남 담양 천주교 공동 묘역 살레시오 수도자 묘역에 묻혔지만, 영혼은 톤즈 밤하늘의 영원한 별이 되었다.

이태석 신부의 이야기는 지금도 전 세계로 퍼져 나가며 많은 사람에게 감동을 주고 있다.

이태석 1962~2010

이태석 신부는 1962년 부산에서 태어났습니다. 경남 고등학교와 인제대학교 의과 대학을 졸업하고 군의관으로 복무하면서 평생 사제의 삶을 살기로 다짐했습니다. 1991년 살레시오회에 입회하여 1992년 광주 가톨릭대학교에서 신학을 공부하고 1997년 로마 교황청립 살레시오대학교로 유학을 떠났습니다. 1999년 선교 체험 중 톤즈에서 머물렀던 시간을 떠올리며 자신이 있어야 할 곳은 톤즈라고 생각하고 2001년 다시 톤즈로 향했습니다.

가장 낮은 곳에서 사랑과 나눔을 실천한 이태석 신부는 전쟁으로 굶주림과 질병에 시달리던 톤즈에서 가톨릭 선교 활동을 펼치며 말라리아와 콜레라 등으로 죽어가는 주민과 한센병 환자들을 치료하기 위해 병원을 직접 지었습니다. 또한 전쟁으로 상처받은 아이들을 위해 학교를 지어 공부하게 하고 브라스밴드를 만들어 총칼 대신 음악과 악기로 아이들의 마음을 치유했습니다.

2008년 한국에 잠시 입국한 이태석 신부는 대장암 말기 판정을 받아 투병 생활을 시작했습니다. 힘든 투병 생활 중에도 수단을 잊지 않았고, 꼭 돌아가리라 다짐했지만 2010년 1월 48세의 나이로 선종했습니다. 2011년 7월 봉사와 선행의 공로가 인정되어 국민 훈장 무궁화장에 추서되었습니다.

학력 및 경력_

1962년 9월 부산 남부민동 출생
1981년 부산 경남고등학교 졸업
1987년 인제대학교 의과 대학 졸업
1991년 군의관으로 복무
1991년 살레시오회 입회
1992년 광주 가톨릭대학교 입학
1994년 1월 살레시오회 첫 서원
1997년 이탈리아 로마 교황청립 살레시오대학교 유학
2000년 종신 서원
2001년 서울 구로 3동 천주교회에서 사제 서품
2001년 11월 아프리카 남부 수단 와랍주 톤즈 부임
2005년 제7회 인제 인성 대상 수상
2009년 12월 제2회 한미 자랑스러운 의사상 수상
2010년 1월 14일 48세로 선종
2010년 제1회 KBS 감동 대상
2011년 7월 무궁화장 수상

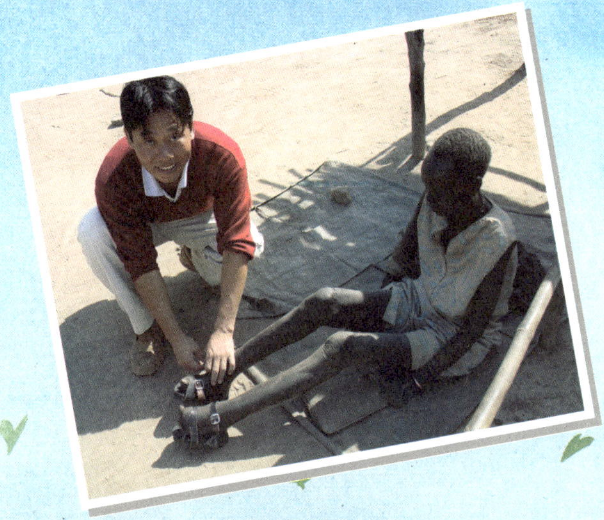

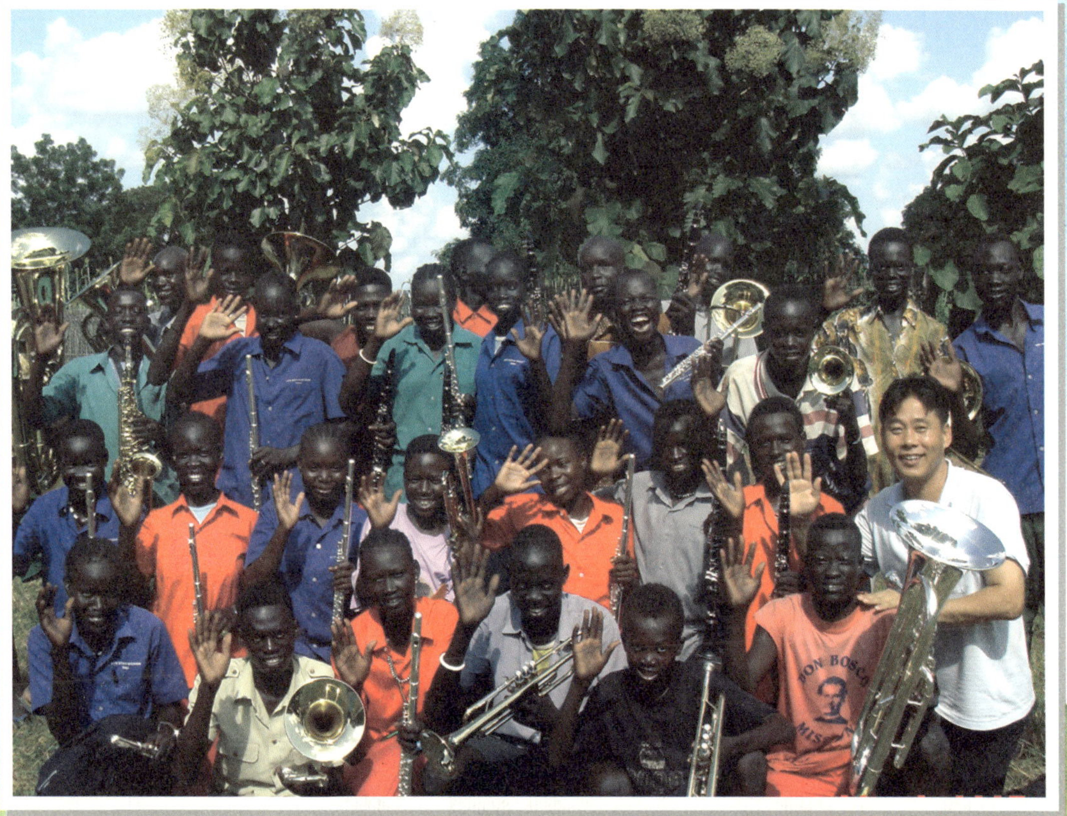

가장 낮은 곳에서 행복한 신부 이태석

1판1쇄 발행 2012년 9월 25일
1판2쇄 발행 2013년 8월 30일

지은이 | 김경우
그린이 | 김윤경
펴낸이 | 임성규

펴낸곳 | 문이당어린이
등록 | 1988. 11. 5. 제1-832호
주소 | 서울시 성북구 동소문동 4가 83번지 청구빌딩 3층
전화 | 928-8741~3(영) 927-4990~2(편)__팩스 | 925-5406
ⓒ 김경우, 2012

이메일 | munidang88@naver.com
홈페이지 | http://munidang.co.kr

ISBN 978-89-7456-464-3　73810

값은 뒤표지에 표시되어 있습니다.

잘못된 책은 바꾸어 드립니다.
저자와의 협의로 인지는 생략합니다.
이 책의 판권은 지은이와 문이당어린이에 있습니다.
양측의 서면 동의 없는 무단 전재 및 복제를 금합니다.

문이당어린이는 문이당 출판사의 브랜드입니다.